張叔霑編著

古體應用文

文史哲出版社印行

國立中央圖書館出版品預行編目資料

古體應用文 / 張叔霑著. -- 初版. -- 臺北市
: 文史哲, 民83
面 ; 公分
ISBN 957-547-882-7(平裝)

1. 中國語言 - 應用文

802.79　　83007093

古體應用文

編著者：張叔霑
出版者：文史哲出版社
登記證字號：行政院新聞局局版臺業字五三三七號
發行人：彭正雄
發行所：文史哲出版社
印刷者：文史哲出版社
台北市羅斯福路一段七十二巷四號
郵撥〇五一二八八一二彭正雄帳戶
電話：三五一一〇二八

實價新台幣二六〇元

中華民國八十三年八月初版

ISBN 957-547-882-7

自序

世人書成繡梓，例必因義命名。本書所編述之應用文，其文體格律、義涵旨趣、辭章條理，俱皆師承古制；與現行政府機關應用文書之體製規範，彼此迥異。爲使有所界分，免滋混淆，故姑以「古體應用文」名之。

古體應用文，爲我國極具文學藝術價值之固有產物，亦乃歷代朝野所廣泛應用之酬世文章。慨自樞府遷台以還，爲持續發展國家經濟，以厚植國力，故對有關專業人員之優遇進用空間，隨之日益擴大。唯是社會青年學子，相率聞雞起舞，汲汲焉而以理工科技爲競趨。由於價值觀念丕變，因對原被譽爲國粹之古體應用文學，或則譏評爲異文鄙事，而不屑研尋；或則憚慴於講究苛細，而不求索解。寖淫所漸，斯文式微矣。令人怵目驚心，曷勝浩嘆！

夫古體應用文章，就文義言，大凡爲忠孝節義、功業德行之頌述；其於導正世道人心，促進社會和諧，寓有潛移默化之積極功用。就辭章言，則貴在言約旨遠，理融情暢，字雅句秀，味深韻婉；其於涵泳人之性情，精粹人之理念，昇華人之素養，助益頗多。筆者自民國六十九年於政府機關退休後，即分別承中央警官學校、台灣警察專科學校之聘邀，講授應用文課程，於茲已十年矣。在任教之初，原擬就所學所懷，以善本人師之職分，而略盡薪傳之微誠。第格於學分之考量，一向冐著重於機關公文之講述，對於傳統應酬文字，僅能作儱侗概要之提示而已。既感於師道之虧缺，爰思所補苴以他途。此爲編譔本書之起因也。

本書內容，要爲編述實用文體之作法，其編次之排列，以律詩、對聯、題詞、祭文、序文、拙作選錄，爲先後順序。良以位列編首之律詩格律，綦爲謹嚴，主要有平仄、對偶、押韻、三項深具共通性、矩墨性之基礎鐵則。言平仄、對偶，對聯與駢體序文，則不可或闕。言押韻，四言複句、長句騷體之題詞與祭文，則必須講求。倘能瞭然律詩作法在先，再習作其他文體於後，其會通效果，庶可事半而功倍也。關於拙作選錄部分，原爲便利教學，而挹作輔助教材之用。因其中各種文體之結構形式與作法，俱爲沿襲傳統法則以裁篇，故特附錄書末，俾資參考。至若正文之積句聯章，指事述情，則大都文蕪義瘠，平淡無奇，固不足以取法焉。

本書旨在啓發初學者之研究興趣，兼而增益其寫作能力，尤希冀以爝火之明，而能有助於中華文化之傳承與弘揚。惟自審全書陳説，類皆爲魚兔之筌蹄，固難入方家之閫奧。重以付梓倉卒，字雠句校，脱訛恐多。尚祈博雅君子，不吝珠玉，統賜諟正，實所感禱。

中華民國七十九年仲夏　張叔霑序於台北寓所

書旨提要

第一章律詩：言律詩之本原，肇自詩經。詩經全書內容，分風、雅、頌三大類。詩經篇章之創作，有賦、比、興三種文體。本章對於詩經內容、詩經文體、詩經辭章、詩經教義，以及詩經與詩學之源流脈動關係，均有簡明切要之介紹。緣律詩既爲習作其他古體應用文之基礎文學，是以本章所提示之律詩作法，與所舉之律詩實例，務期初學者能兩相對照，細心尋繹，俾資爲學用並進之階梯。

第二章對聯：說明對聯之應用範疇、適用對象、立意旨趣、與製作方法。並泛舉相關實例，以資印證。顧此項聯語文字，或有鐫刻於建物正面楹柱，以供人觀覽。如各類楹聯。或則輯印成冊，以傳諸久遠。如祝壽聯、哀輓聯。流布既廣，品評隨之。故在聯語撰作之時，應切實按照本章所提示之製作法則，精密運思，謹愼將事，以免義舛聲拗，而遭人病議。

第三章題詞：題詞爲應用文體之一。因文詞之體例有別，故其製作方法，亦彼此互異。在本章中已分別加以說明。並羅舉實例多種，以資辨識。第觀夫現今朝野上下，每遇婚嫁壽誕、喪祭哀輓、新廈落成、事業經始等酬應，多以四言單句題詞相致贈。此類題詞，本章所舉之通用實例甚夥。讀者可臨事選用，不需自費思考，或央人代筆之勞。至其他體式之題詞實例，對於模擬習作，亦皆有莫大助益。

第四章祭文：祭文，通常有公祭文、家祭文、追祭文三種。其適用對象、意涵旨趣、採用文體、製作方法，在本章中均有扼要說明。並分別羅舉實例，以供參考。顧此類文字，亦常有輯錄付梓，以垂諸奕代之事例。故在抒情致哀之分際間，應特別注意，以免出現謬誤。

第五章序文：序文有書序、壽序兩種。其各別之立意概念、操觚取向，以及章句組合、虛字運用之共通原則，本章中均有明晰具體之說明。爲增益寫作能力，復羅舉前古近今之實例多則。其中有散體文、駢體文、亦有散、駢互用之文體。其文體雖不相同，然其敘事述情之章法與詞致，則各具擅場之妙。初學者宜細繹其脈絡條貫，以作爲援筆爲文之借鏡。

第六章拙作選錄：本書增列本章之用意，要在感於古體應用文學，日趨式微，而思所拋磚引玉，以激發人之寫作志趣。蓋習作酬世文字，原非挾山超海之難事；苟能恪守羅家倫先生：「多讀、多看、多背、多寫。」之求學箴言，再副以日就月將之積漸，則自然水到渠成，斷無不竟之理。惟丁茲義存潛化之傳統應用文學，奄奄然瀕臨絕響之時會，尤殷望政府當局，能善體唐朝賢相魏徵：「求木之長者，必固其根本。欲流之遠者，必浚其泉源。」之至言。並記取唐代大儒韓昌黎：「尋墜緒之茫茫。障百川而東之。」之警語。從速著意於匡救性之政策設計。期以風行草偃之化，廣收振衰起敝之功。進而繫維中華文化之永恆綿延於弗替。

古體應用文目次

第四章　祭文……一一一

第一章　律詩

第一節　律詩之淵源

律詩為詩體之一，其體制雖大成於唐代，而其轍跡本原，則肇自位居五經鰲首之詩經。按世人咸謂詩經為我國詩歌之總集，或謂詩經為我國詩歌之始祖者，信可徵矣。詩經一書，非但全面反映出當時政治、經濟、社會、文化等之眞實狀況，而且對於後世研習詩學、文學、史學之文人雅士，影響尤為深遠。

詩經為孔子所刪定。全書共有三百零五篇。其涵括之時期，據史記等書記載，大概起自商末周初以至春秋中葉時代。距今兩千五百餘年。其創作產生之地區，東臨渤海，西至六盤山，北起滹沱河，南訖江漢流域一帶。即今陝西、甘肅、山西、河北、山東、河南、湖北等地。全書分風、雅、頌三大類。風者，猶言國風。計有周南、召南、邶、鄘、衛、王、鄭、齊、魏、唐、秦、陳、檜、曹、豳十五國風。凡一百六十篇。俱為上以風化下，下以風刺上之作品。雅者，正也。言王政之所由興廢也。內分小雅、大雅。小雅七十四篇。大雅三十一篇。關於大小雅之區分，眾說紛紜，據朱熹論斷，前者爲用於較莊重之饗禮，後者乃用於一般之燕禮。兩者大多爲貴族文人之作品。頌者，讚美也。美盛德之形容，以其成功告於神明者也。頌分周頌、魯頌、商頌。周頌三十一篇，爲西周初年之作品。魯頌四篇，爲春秋前期魯國之頌歌。商頌五篇，爲商朝之頌歌。亦有人認爲係春秋時之作品，且多數出於貴族或宮廷史官、樂官之手筆。以上爲全部詩經內容之概述也。又據詩大序云：「詩有六義。」六義者，即風、雅、頌、賦、比、興之總稱。除風、雅、頌三義，已如上述外，茲將賦、比、興三義，略予說明。賦者，言章句平鋪直敘政教之善惡也。比者，爲見政教之失，不敢直言，取比類以言之。即章句首兩句或數句以某事物作比喻也。興者，爲見政教之美，嫌於媚諛，取善事以喻勸之。即章句首一句或數句含義，與下文語意相似或相同者，擬其類以引起下文所詠之辭也。唐孔穎達疏：「風雅頌者，詩篇之異體。賦比興者，詩文之異辭。賦比興是詩之所用。風雅頌是詩之成形。用彼三事，成此三事，故得兼稱爲六義。」由此可知，風雅頌爲爲詩經內容之分類。賦比與爲詩經篇章之文體。亦即以後者之寫作方法，而彰顯前者之指歸也。關於詩經用賦比興修辭法所寫之篇章，因與詩學關係密切，特分別選錄數則，以增益讀者之辨識。

一、賦體：

「手如柔荑。膚如凝脂。領如蝤蠐。齒如瓠犀。螓首蛾眉。巧笑倩兮，美目盼兮。」（衛風、碩人）

此詩言衛莊公夫人莊姜初適衛，國人稱讚其美麗之詩。雖是平鋪敍事，但筆觸細膩，道盡其靜態之身體形象美，畫活其動態之風姿綽約美。洵爲白居易長恨歌所謂：「回頭一笑百媚生，六宮粉黛無顏色。」及曹植洛神賦所言：「穠纖得中，修短合度。」之筆法範本。

「三歲爲婦，靡室勞矣。夙與夜寐，靡有朝矣。言既遂矣，至於暴矣。兄弟不知，咥其笑矣。靜言思之，躬自悼矣。」（衛風、氓）

此詩寫一勤勞善良婦女，哀訴其被遺棄之不幸遭遇，以及被其兄弟譏笑之痛苦感受。文選古詩十九首「上山採蘼蕪」、樂府之「孔雀東南飛」、杜甫之「佳人」、白樂天之「琵琶行」等名篇，均脫胎於此詩。

「昔我往矣，楊柳依依。今我來思，雨雪霏霏。行道遲遲，載渴載飢。我心傷悲，

莫知我哀。」（小雅、采薇）

此詩寫出征戰士，久役歸來之心情。以景物時令來烘托其內心之感觸。狀物述情，意境高妙。前人評爲詩經篇章中之壓卷。

二、比體：

「螽斯羽，詵詵兮。宜爾子孫。振振兮。」

「螽斯羽，薨薨兮。宜爾子孫。繩繩兮。」（周南、螽斯）

此詩頭二句，均以繁殖快速之蝗蟲作比喻，以祝人多子多孫。世人賀人生子所題之「螽斯叶吉」、「螽斯衍慶」，即本此。

「如月之恆，如日之升，如南山之壽，不騫不崩。如松柏之茂，無不爾或承。」

「天保定爾，以莫不興。如山如阜，如岡如陵，如川之方至，以莫不增。」（小雅、天保）

右爲王室群臣，以永恆不墜不壞之天象地物作比喻，用祝君王福壽康寧之詩。篇章中共有九個「如」字。今人賀人壽誕所題之「天保九如」、「岡陵獻頌」、「壽比南山」、「松柏同春」等頌詞，均本此。

三、興體：

「關關雎鳩，在河之洲。窈窕淑女，君子好逑。」（周南、關雎）關關：雌雄相應之和聲也。雎鳩，水鳥名。生有定耦而不相亂，耦常並遊而不相狎。君子指文王。此詩以雎鳩擬言后妃太姒之賢德，而匹配周文王之至尊。頭二句爲取喻，三四兩句爲本旨。世人賀新婚題詞所用之「詩詠關雎」、「君子好逑」即本此。

「桃之夭夭，灼灼其華。之子于歸，宜其室家。」（周南、桃夭）周禮媒氏曰：「仲春之月，令會男女。」言仲春桃花盛開之時，正男女適時婚嫁之會。此詩頭二句，以鮮艷桃花爲起興，而引起三四兩句女子宜及時出嫁之本意。世人賀女嫁題詞，每用「之子于歸」、「宜室宜家」。本此。

以上爲詩經全書之大致輪廓與詩經六義之概述。第吾人習學詩法，尚須對詩經教義、詩經辭章，作進一步之探究。蓋詩經教義不假辭章之文采，則無以光顯其旨奧。苟辭章不以詩經教義爲體元，則文必空洞而磽确。兩者相因相成，不可偏廢。關於詩經之教義，典籍記載繁多。孔子曾謂其子伯魚曰：「汝爲周南、召南矣乎？人而不爲周南、召南，其猶正牆面而立也歟。」又曰：「不學詩，無以言。」論語陽貨篇：「小子，何莫學夫詩！詩可以興，可以觀，可以群，可以怨。邇之事父，遠之事君，多識草木鳥獸之名。」詩大序更謂：「故正得失，動天地，感鬼神，莫近乎詩。先王以是經夫婦，成孝敬，厚人倫，美教化，移風俗。」此爲詩經之教義也。至於詩經之辭章，因全書詩篇，類皆以賦比興三種修辭法爲之，故仍就此範疇作探究。南朝梁人鍾嶸詩品云：「詩有三義焉。一曰興。二曰比。三曰賦。文已盡而義有餘，興也。因物喻志，比也。直書其事，寓言寫物，賦也。弘斯三義，酌而用之，幹之以風力，潤之以丹采，使味之者無極，聞之者動心，是詩之至也。若專用比興，則患在意深，意深則詞躓。若但用賦體，則患在意浮，意浮則文散，嬉成流移，文無止泊，有蕪漫之累矣。若乃春風春鳥，秋月秋蟬，夏雲暑雨，冬月祁寒，斯四候感諸詩者也。嘉會寄詩以親，離群託詩以怨。至於楚臣去境，漢妾離宮。或骨橫朔野，或魂逐飛蓬。或負戈外戍，殺氣雄邊，寒客衣單，孀閨淚盡。或士有解佩出朝，一去忘返。女有揚蛾入寵，再盼傾國。凡此種種，感蕩心靈，非陳詩何以展其義，非長歌何以騁其情。故曰詩可以群，可以怨，使窮賤易安，幽居靡悶，莫尚於詩矣。」此賦比興三體寫作方法之說明也。如能細心體會，自可窺其門徑。其次，爲詩經寫物圖貌之藝術手法，常常將一複雜事件，僅用一詞一語，即表現出最美妙之意境，用字簡練，勾劃深刻。文心雕龍物色篇讚曰：「灼灼狀桃花之鮮。（周南、桃夭）依依盡楊柳之貌。（小雅、采薇）杲杲爲出日之容。（衛風、伯兮）瀌瀌擬雨雪之狀。（小雅、角弓）喈喈逐黃鳥之聲。（周南、葛覃）喓喓學草蟲之韻。（召南、草蟲）皎日嘒星，（皎日：王風、大車。嘒星：召南、小星。）一言窮理。參差沃若，（參差：周南、關雎。沃若：衛風、氓。）兩字窮形。並以少總多，情貌無遺矣。」似此金聲玉振之語彙，在詩經篇章中，尚且林林總總，多如繁星。諸如日月星辰之天象。山川河沼之地物。春夏秋冬之歲時。草木鳥獸之類庶。無一不在其繪色繪形、寫物圖貌之範疇。眞可謂周備富贍，包羅萬有。若能因方以借巧，即勢以會奇，則文味飄飄而輕舉，詩情曄曄而彌新矣。

綜上所述，對於詩經與詩學之源流脈息，得有三點結論：

第一、言詩應以六義為本：六義爲詩經之精髓。六義中對於當時政治、經濟、社會、文化之記述，觀察深刻，鞭辟入裡。對於天象地物之描繪，筆法細膩，意境清新。對於遣詞用字之技巧，言約旨遠，精練粹美。全書史料豐富，文學藝術價值尤高。洵爲啓發詩思之源泉，摛藻取材之寶藏也。

第二、學詩應以詩教為體：詩教，旨在教人以溫柔敦厚爲修省。以興觀群怨爲心志。以經夫婦、成孝敬、厚人倫、美教化、移風易俗爲襟期。苟人人能三復斯旨，再副以通經致用之理念，而寫出端正世道人心之勸懲詩篇，則其裨益於國家社會之安和樂利者大矣。

第三、作詩應以辭章為用：劉彥和云：「先王聖化，布在方策。夫子風采，溢於格言。鄭伯入陳，以文辭爲功。宋置折俎，以多文舉禮。」此言辭章之功用也。論語更謂：「文猶質也，質猶文也。虎豹之鞹，猶犬羊之鞹。」按文謂辭章。質猶皮質。言虎豹之皮如無文采，則與犬羊之皮無異，何足貴哉。故一首膾炙人口、擲地有聲之詩篇，必須義與文偕，體共辭並，始能使人視之如錦繪，聽之如絲簧焉。

第二節　律詩之流變

律詩講求聲韻、對偶。其體制與古體詩迥異。自南朝梁人沈休文四聲八病之說出，律詩遂粗具雛型。嗣經徐陵、庾信、陰鏗、何遜等踵武繼軌，合力發皇，五律乃漸以成體。至唐，詩人輩出，上承漢、魏、六朝之遺風，競相耕耘，律詩之體制，始燦然大備。按唐朝詩風之發展，多以初、盛、中、晚四期論之。大抵自武德以迄開元初，稱初唐。其時由號稱初唐四傑之王勃、楊炯、盧照鄰、駱賓王等人肇端，沈佺期、宋之問集其大成。於是聲律更諧協，對偶更工整，詞藻亦更趨華麗。迨至陳子昂出，一洗華靡之風，無復詞藻之艷，而開李白、杜甫風格之先驅。由開元至大曆初之盛唐，深受樂府及民間歌詞之影響，境界豁然一開；又刻意新體絕律之創和，致成登峰造極之勢。李杜二家，固包羅萬象，雄視百代，而王維、孟浩然之清雅，岑參、高適之奔放，亦各擅一勝。由大曆初至太和中爲中唐，時詩分兩期，前期以韋應物、劉長卿爲代表，詩主高雅閒淡。後期以元稹、白居易爲大家。元詩尚坦夷。白詩通俗流暢。因兩人交情深厚，時號元白。自開成初至天祐三年之晚唐，雖有杜牧之豪縱，李商隱之纖艷，然率皆纘承前人之餘緒，無復當年之盛美矣。

唐朝詩才薈蔚，花爛映發。諸如詩仙李白，詩聖杜甫，詩豪劉禹錫、白居易等人，俱爲一時之翹楚。而文望最隆、聲價最高者，則首推詩聖杜甫。元稹論杜甫詩云：「上薄風、雅，下該沈、宋。言奪蘇、李，氣吞曹、劉。掩顏、謝之孤高，雜徐、庾之流麗。盡得古人之體勢，而兼今人之所獨專。」唐書杜甫傳贊云：「甫渾涵汪茫，千彙萬狀，兼古今而有之，詩人以來，未有如子美者。」明楊升庵謂：「杜甫聖於詩。」藝苑卮言稱：「杜甫如周、孔制作，後世莫能擬議。」以上爲唐代詩學大家之約略介紹。良以操觚染翰，應取法乎上。而唐賢作品，佳章紛纚，何適何從，每有茫然之感。爲使初學者知所選讀，故附益述焉。

第三節　律詩之作法

律詩有五言律、七言律兩體。一首律詩凡八句，每兩句爲一聯。一二兩句爲首聯（亦稱起聯）。三四兩句爲前聯（亦稱額聯）。五六兩句爲後聯（亦稱頸聯或腹聯）。七八兩句爲尾聯（亦稱末聯）。其製作格律，主要有平仄、對偶、押韻三項。三者猶如紅花綠葉之輝映，合則成美，偏則成病。茲分別介紹如后。

一、平仄：

律詩之平仄法式，有五言平起法、五言仄起法、七言平起法、七言仄起法四種。凡此平仄法式，謂之正格。至於變格之口訣，只有兩句，即人所習知之「一三五不論，二四六分明。」是也。（五言律第五字，不在此說範圍。）然變格之說，論者間有微詞。余意，爲使初學者易於入門，但有何妨。蓋以世人習作律詩，大都以唐詩爲範本，而遍讀唐人詩篇，其完全合乎正格者，實少之又少，其從變格之作品，則多不勝數也。茲爲使初學者免於畏難卻步而敢於習作，特將律詩平仄正格法式與唐詩變格實例，分別錄列於后，俾資對照。

㈠五言平起正格法式：（平聲符號為「—」。仄聲符號為「|」。）

———||。|||——。

||——|。——||—。

———||。|||——。

||——|。——||—。

變格實例：王維山居秋暝詩

———||。—||——。

空山新雨後。天氣晚來秋。

—|——|。——||—。

明月松間照。清泉石上流。

|——||。—||——。

竹喧歸浣女。蓮動下漁舟。

—|——|。——||—。

隨意春芳歇。王孫自可留。

此詩第二句天字，第三句明字，第五句竹字，第六句蓮字，第七句隨字，均與正格法式不合。

(二)五言仄起正格法式：

｜｜——｜。——｜｜—。

———｜｜。｜｜｜——。

｜｜——｜。——｜｜—。

———｜｜。｜｜｜——。

變格實例：張九齡望月懷遠詩

｜｜——｜。——｜｜—。
海上生明月。天涯共此時。

——｜｜｜。｜｜｜——。
情人怨遙夜。竟夕起相思。

｜｜——｜。——｜｜—。
滅燭憐花滿。披衣覺露滋。

｜——｜｜。—｜｜——。
不堪盈手贈。還寢夢佳期。

此詩第三句怨字，第七句不字，第八句還字，與正格法式不合。

㈢七言平起正格法式：

——｜｜——｜。｜｜——｜｜—。

｜｜———｜｜。——｜｜｜——。

——｜｜——｜。｜｜——｜｜—。

｜｜———｜｜。——｜｜｜——。

變格實例：韋應物寄李儋元錫詩

｜——｜——｜。—｜——｜｜—。

去年花裡逢君別。今日花開又一年。

｜｜———｜｜。——｜｜｜——。

世事茫茫難自料。春愁黯黯獨成眠。

——｜｜——｜。｜｜——｜｜—。

身多疾病思田里。邑有流亡愧俸錢。

—｜｜——｜｜。——｜｜｜——。

聞道欲來相問訊。西樓望月幾回圓。

此詩第一句去字、花字，第二句今字，第七句聞字、欲字，與正格法式不合。

㈣七言仄起正格法式：

｜｜———｜｜。——｜｜｜——。

——｜｜——｜。｜｜——｜｜—。

｜｜———｜｜。——｜｜｜——。

——｜｜——｜。｜｜——｜｜—。

變格實例：杜甫聞官軍收河南河北詩

｜｜｜——｜｜。——｜｜｜——。

劍外忽傳收薊北。初聞涕淚滿衣裳。

｜——｜——｜。｜｜——｜｜—。

卻看妻子愁何在。漫卷詩書喜欲狂。

｜｜｜——｜｜。——｜｜｜——。

白日放歌須縱酒。青春作伴好還鄉。

｜——｜——｜。｜｜——｜｜—。

即從巴峽穿巫峽。便下襄陽向洛陽。

此詩第一句忽字，第三句卻字、妻字，第五句放字，第七句即字、巴字，與正格法式不合。

按照上述正格法式，五言律、七言律第一句之末一字，均應爲仄聲。惟爲求齊一全篇詩之音韻，亦可改爲平聲，並予押韻。此一情形，在唐詩中五言律較少，七言律最多。因此，五言平起詩之起句，原爲平平平仄仄，則應改爲平平仄仄平。例如李商隱風雨詩第一句「淒涼寶劍篇」。五言仄起詩之起句，原爲仄仄平平仄，則應改爲仄仄仄平平。例如王維送梓州李使君詩第一句「萬壑樹參天。」七言平起詩之起句，原爲平平仄仄平平仄，則應改爲平平仄仄仄平平。例如杜甫宿府詩第一句「清秋幕府井梧寒。」七言仄起詩之起句，原爲仄仄平平平仄仄，則應改爲仄仄平平仄仄平。例如杜甫蜀相詩第一句「丞相祠堂何處尋。」以上各例之篇、天、寒、尋四字，皆平聲，且皆押韻。凡此變通法則，亦屬律詩格律之範疇。故特附益說明。

此外，必須注意者，是中國文字同字異義者甚多。因字義不同，其字音亦有所變易。字音既有變易。故字之平仄亦隨之而迥殊矣。例如「中」字，此字用於「日正中」、「想像中」、「腦海中」等語詞，則爲平聲東韻。若用於「中意」、「中傷」、「屢試屢中」、「雀屏中選」等語詞，則爲仄聲送韻。如「重」字，若用於「任重」、「珍重」、「恩

「疊疊重重」等語詞，則爲平聲冬韻。如「縫」字，若用於「彌縫」、「密密縫」、「補補縫」等語詞，則爲平聲冬韻。若用於「瓦縫」、「天衣無縫」等語詞，則爲仄聲送韻。如「分」字，若用於「均分」、「勝負分」等語詞，則爲平聲文韻。若用於「名分」、「天分」等語詞，則爲仄聲問韻。如「難」字，若用於「才難」、「色難」、「畏難」等語詞，則爲平聲寒韻。若用於「蒙難」、「患難」、「構難」等語詞，則爲仄聲翰韻。如「興」字，若用於「興旺」、「興盛」等語詞，則爲平聲蒸韻。若用於「興致」、「興趣」等語詞，則爲仄聲徑韻。諸如此類之同字異音字，星羅棋布，多不勝數。初學者於調協詩句平仄時，尤應密切注意及之，以免訛誤。

二、對偶：

屬對之法，在魏晉以前，已是駢句儷語，輻輳不絕，然俱皆出於人之直覺聯想，率然對爾。自南朝梁人沈約四聲八病之說興，對偶乃有聲病之避忌。至唐初上官儀、沈之問、宋佺期等人出，屬對始臻精切，而燦然成爲聲義兼備之文律矣。第對偶之作法，術出多門，難以盡言，爲使初學者得有蹊徑可尋，兹約舉數端如次。

㈠**對偶概念**：對偶，爲律詩篇章中之重要環節。一首律詩共有四聯，第一、四兩聯，可對偶，亦可不對偶。但中間二、三兩聯，則必須兩兩相比，辭動有配。所謂辭，係指中國文字中之實字、虛字而言。凡字之有事理可解者，曰實字。如春風、夏雨、秋霜、冬雪等。字無解而惟以助實字之情態者，曰虛字。如動詞、形容詞、副詞、介詞、連詞、助詞等。凡此實字、虛字，在處理對偶時，必須實對實、虛對虛，絲毫不能錯誤。否則，即不成爲律詩矣。

㈡**對偶類型**：對偶類型，衆說紛紜。唐上官儀謂詩有六對。曰正名對、同類對、連珠對、雙聲對、疊韻對、雙擬對。上官又有八對之說。曰的名對、異類對、雙聲對、疊韻對、聯綿對、雙擬對、回文對、隔句對。此外，更有日僧空海所著文鏡秘府論中之二十九種對。因種類極爲繁瑣，且名稱雖異，而其涵義雷同者亦甚多，在此不擬殫述。僅就律詩中常見常用者，約略列舉數種，以供初學者參考。

1.正名對：又曰的名對或切對。如上官原例之「送酒東南去，迎琴西北來。」李太白之「邊月隨弓影，胡霜拂劍花。」杜子美之「籬邊老卻陶潛菊，江上徒逢袁紹林。」例中東南、西北。弓影、劍花。陶潛菊、袁紹林。俱爲正名對。

2.四柱對：又曰當句對。言本句中自成對偶者。如司空文明之「遠山芳草外，流水落花中。」杜子美之「小院迴廊春寂寂，浴鳧飛鷺晚悠悠。」李從一之「孤雲獨鳥川光暮，萬景千山海氣秋。」李正己之「赤葉黃花隨野岸，青山白水映江楓。」李義山之「花鬚柳眼各無賴，紫蝶黃蜂俱有情。」以上各句中頭四字，皆自成對偶。

3.流水對：謂二句一意相承，以單氣行之，或兩意而下句作轉，皆對句中之外轉法。如杜子美之「忽聞哀痛詔，又下聖明朝。」及「可惜歡娛地，都非少壯時。」此種對法，對仗既工整，筆致尤極駿爽，非功力深厚者，不克臻此。

4.疊字對：或曰連珠對。詩經中此例甚夥。如能因方以借巧，可使文意遄飛，飄逸有致。如杜甫之「無邊落木蕭蕭下，不盡長江滾滾來。」韋應物之「世事茫茫難自料，春愁黯黯獨成眠。」崔顥之「晴川歷歷漢陽樹，芳草萋萋鸚鵡洲。」例中蕭蕭、滾滾等，皆疊字。

5.異類對：爲同類對之對稱。同類對如一對千、白對黑、南北對東西等，異類對則反是。如杜甫之「吳楚東南坼，乾坤日夜浮。」又「露從今夜白，月是故鄉明。」前一聯東南是方位字，日夜是時間字。後一聯今夜是時間字，故鄉是空間字。似此對法，皆稱異類對。

6.倒插對：如杜甫之「野禽啼杜宇，山蝶夢莊周。」「織女機絲虛夜月，石鯨鱗甲動秋風。」「畫省香爐違伏枕，山樓粉堞隱悲笳。」前一聯順講應爲莊周山蝶夢，杜宇野禽啼。中一聯順講應爲夜月虛織女機絲，秋風動石鯨鱗甲。後一聯順講應爲伏枕違畫省香爐，悲笳隱山樓粉堞。此種倒插作法，是純爲顯示文意之曲折有致，而刻意作此安排耳。此法最難，非能手不克臻此。

7.逆挽對：此法作者須有潛氣，非人人所易爲。如溫飛卿之「回日樓臺非甲帳，去時冠劍是丁年。」李義山之「此日六軍同駐馬，當時七夕笑牽牛。」前聯本意爲去時冠劍是丁年，可惜回日樓臺非甲帳。後聯本云當時七夕笑牽牛，可惜此日六軍同駐馬。但經過此一掉轉，則化板滯爲活潑矣。堪輿家論龍穴沙水，喜逆而惡順，喜曲而惡直，作詩亦然。蓋以逆則力厚，而順則勢弱。直則語平，而曲則意奇也。

8.借字對：或曰假對。即借同音之字相對。如杜甫之「枸杞因吾有，雞棲奈爾何。」孟襄陽之「廚人具雞黍，稚子摘楊梅。」前一聯因枸與狗同音，故借枸作狗。後一聯楊與羊同音，故借楊作羊。律詩中此例甚多，可類推也。

㈢**對偶句法**：律詩品質之良窳，胥繫於對偶設計之巧拙。關於對偶之結構形式與作法，雖文術多門，然要以參互交錯，富於變化，而臻詩意於味深韻厚者，則初無二致也。茲摘錄前賢之律詩句法，俾資模擬。

1.五言對偶句法：此類句法，有上二下三、上三下二、上一下四、上四下一、上二中一下二、上二中二下一、上一中二下二、上二中三下一。凡八法。分別舉例如左。

上二下三

浮雲　遊子意。落日　故人情。（李白）

金灶　初開火。仙桃　正發花。（孟浩然）

上三下二

范蠡舟　偏小。王喬鶴　不群。（杜甫）

歡笑情　如舊。蕭疏髮　已斑。（韋應物）

上一下四

位　竊和羹重。恩　叨醉醴深。（張說）

山　從人面起。雲　傍馬頭生。（李白）

上四下一

風暖鳥聲　碎。日高花影　重。（杜荀鶴）

落葉他鄉　樹。寒燈獨夜　人。（馬戴）

上二中一下二

雲霞 出 海曙。梅柳 渡 江春。（杜審言）

落葉 人 何在。寒雲 路 幾層。（李商隱）

上二中二下一

孤嶂 秦碑 在。荒城 魯殿 餘。（杜甫）

灌木 縈旗 轉。仙雲 拂馬 來。（玄宗黃帝）

上一中二下二

泉 聲咽 危石。日 色冷 青松。（王維）

地 盤山 入海。河 繞國 連天。（張承吉）

上一中三下一

路 出寒雲 外。人 歸暮雪 時。（盧綸）

猿 啼洞庭 樹。人 在木蘭 舟。（馬戴）

2.七言對偶句法：此類句法，有上四下三、上三下四、上二下五、上五下二、上一下六、上六下一、上二中二下三、上一中三下三、上二中四下一、上一中四下二、上四中一下二、上三中一下三、上一次三次一下二。凡十三法。分別示例如左。

上四下三

萬里寒光　生積雪。三邊曙色　動危旌。（祖詠）

三晉雲山　皆北向。二陵風雨　自東來。（崔曙）

上三下四

永夜角　聲悲自語。中天月　色好誰看。（杜甫）

雲邊雁　斷胡天月。隴上羊　歸塞草煙。（溫庭筠）

上二下五

波上　馬嘶看棹去。柳邊　人歇待歸船。（溫庭筠）

神女　生涯原是夢。小姑　居處本無郎。（李商隱）

上五下二

五更鼓角聲　悲壯。三峽星河影　動搖。（杜甫）

武帝祠前雲　欲散。仙人掌上雨　初晴。（崔顥）

上一下六

花　迎劍佩星初落。柳　拂旌旗露未乾。（岑參）

晨　搖玉珮趨金殿。夕　奉天書拜瑣闈。（王維）

上六下一

鸞輿迴出千門 柳。閣道迴看上苑 花。（王維）

青楓江上秋帆 遠。白帝城邊古木 疏。（高適）

上二中二下三

關城 曙色 催寒盡。御苑 砧聲 向晚多。（李頎）

沙場 烽火 侵胡月。海畔 雲山 擁薊城。（祖詠）

上一中三下三

身 多疾病 思田里。邑 有流亡 愧俸錢。（韋應物）

家 住層城 鄰漢苑。心 隨明月 到胡天。（皇甫冉）

上二中四下一

驚風 亂颭芙蓉 水。密雨 斜侵薜荔 牆。（柳宗元）

估客 晝眠知浪 靜。舟人 夜語覺潮 生。（盧綸）

上一中四下二

興 逐亂紅穿 柳巷。困 臨流水坐 苔磯。（程灝）

鳥 在寒枝棲 影動。人 依古堞坐 禪深。（陸魯望）

上四中一下二

古廟杉松　巢　水鶴。歲時伏臘　走　村翁。（杜甫）
漠漠水田　飛　白鷺。陰陰夏木　囀　黃鸝。（王維）
上三中一下三
嶺樹重　遮　千里目。江流曲　似　九迴腸。（柳宗元）
弔影分　爲　千里雁。辭根散　作　九秋蓬。（白居易）
上一次三次一下二
扇　裁月魄　羞　難掩。車　走雷聲　語　未通。（李商隱）
夢　爲遠別　啼　難喚。書　被催成　墨　未濃。（李商隱）

以上句法舉例，初學者宜細心揣摩彷作。又律詩中間二聯，爲避免句型重複，絕對不能用同一句法。應切記。

㈣**對偶句眼**：句眼亦稱詩眼。詩句常因一字之工，而能使文藻駿爽。亦常因一字之欠工，而致辭氣流於默黯。故古人錘鍊句法，率皆從句眼上著意。句眼字鍊，則句自精神也。關於五言律詩之句眼，通常以鍊第三字者居多。如「星河秋一雁，砧杵夜千家。」之秋字夜字。亦間有鍊第二字者，如「紅入桃花嫩，青歸柳葉新。」之入字歸字。亦間有鍊第五字者，如「地折江帆穩，天清木葉開。」之穩字開字。至於七言律詩之句眼，通常以鍊第五字者居多。如「返照入江翻石壁，歸雲擁樹失山村。」之翻字失字。亦間有鍊第二字者，如「露灑旌旗雲外出，風迴岩岫雨中移。」之灑字、迴字。亦間有鍊第三字者，如「芳草伴人還易老，落花隨水亦東流」。之伴字隨字。亦間有鍊第四字者，如「秋後見飛千里雁，月中聞搗萬家衣。」之飛字搗字。亦間有鍊第六字者，如「宮闕星河低拂柳，殿庭燈燭上薰天。」之拂字薰字。

三、押韻：

押韻亦稱壓韻，又曰叶韻或協韻。律詩每聯末句最後一字，通常稱之爲韻腳，每一韻腳須用同一韻之字相協押，以加強詩之音樂性與節奏感。夫韻字出自韻目，韻目源於韻書。韻書之作，肇自六朝沈約之四聲韻譜。隋陸法言與顏之推復本約作共定切韻。唐長孫訥言爲之箋註。嗣孫愐復刊正切韻，別名廣韻。自切韻以下之廣韻、集韻、禮部韻略、五音集韻、韻府群玉、佩文詩韻等韻書，皆屬於今韻之範疇，其中禮部韻略，爲宋人丁度撰著，經併廣韻之二百零六部爲一百零六部，凡上平聲十五、下平聲十五、上聲二十九、去聲三十、入聲十七。世謂之平水韻。元明以來皆用之。現今研習詩學者，多以「詩韻集成」一書爲範本。此書之編述，即以平水韻爲準據。坊間皆有出售，可購買參閱。在此不擬縷述。關於律詩韻脚之用韻，貴在字義穩當妥貼，字音響亮清婉。諸如生僻尖叉之險韻、劇韻，凡庸不雅之俗韻，浮而不實之滑韻，詰屈聱牙之啞韻，以避免選用爲佳。

次爲論究詩韻者，謂律詩之押韻，有孤雁入群、孤雁出群之說。此說謂律詩首聯之起句，與尾聯之末句，可於通韻中借押。例如一首律詩是押冬韻，其起句可借押東韻。此則稱之爲孤雁入群。又如一首律詩是押支韻，其尾聯之末句，可易押微韻。此則稱之爲孤雁出群。餘類推。惟竊以一首律詩之用韻，爲免因韻害意，必要時皆可通押，固不必僅限於起末兩句也。證諸唐戴叔倫之江鄉故人偶集客舍詩：「天秋月又滿，城闕夜千重。還作江南會，翻疑夢裡逢。風枝驚暗鵲，露草覆冬蟲。羈旅長堪醉，相留畏曉鐘。」此詩是冬東韻通押。重、逢、鐘三字，皆屬冬韻。而頸聯蟲字，則爲東韻。又如宋人邵雍之插花吟詩：「頭上花枝照酒卮，酒卮中有好花枝。身經兩世太平日，眼見四朝全盛時，況復筋骸粗康健，那堪時節正芳菲。酒涵花影紅光溜，爭忍花前不醉歸。」此詩頸聯之菲字，尾聯之歸字，爲微韻。餘皆爲支韻。此皆律詩韻脚通押之實例也。又宋人吳才老韻補謂：「眞韻與文、元韻通。先韻與寒、刪韻通。庚、青、蒸、侵各韻，皆可通眞韻。」朱熹嘗謂：「近代訓釋之學，惟才老爲優。」清儒姚繼恆，尤深然其說。嘗曰：「詩韻一道，向靡有定，罔知指歸，予謂莫不善於宋人矣。吳才老始爲叶音之說，而集傳奉爲準繩焉。」此又爲律詩韻腳可以通押之另一佐證也。總之，爲期使律詩能昌明於世而不墜，並免於初學者因拘忌過多，而縮手斂筆，似不如先設限從寬，俟其稍識塗徑後，再徐圖進入正軌爲愈也。

抑有說明者，一首正格律詩之用韻，應以同一平聲韻目中之疊韻字相叶押。按平水韻韻書之區分，平聲韻有上平、下平兩類。上平爲：東、冬、江、支、微、魚、虞、齊、佳、灰、眞、文、元、寒、刪。凡十五韻。下平爲：先、蕭、肴、豪、歌、麻、陽、庚、青、蒸、尤、侵、覃、鹽、咸。凡十五韻。惟每一韻中之字彙，甚多生僻字雜措其間。茲爲初學者便於查檢應用，特將常見常用、易識易讀之字，選錄於后。

上平聲

一東 古通冬

東 同 銅 桐 童 僮 中 衷 忠 沖 終 戎 崇 嵩 弓 躬 宮 融 雄

熊 穹 窮 馮 風 楓 豐 充 隆 空 公 功 工 攻 濛 籠 聾 瓏 洪

鴻 虹 翁 聰 驄 通 潼 烘 怱 螽 懞 忡 逢 艟 悾 倥 芃 戎

二冬 古通東

冬農宗鐘鍾龍松衡庸蓉封胸雍濃重從逢縫蹤
茸峰蜂鋒筇恭琮悰儂鬆凶墉傭鏞溶邕穠饔縱
淞榕洶葑

三江 古通陽

江厖邦缸瀧雙龐窗逢腔降矼樁

四支 古通微齊灰轉佳

支枝移爲垂吹陂碑宜奇儀皮兒離知馳池規危
夷師姿遲眉悲之芝時詩旗辭期詞基疑姬絲司
葵醫帷思滋持隨癡卮螭墀彌慈遺肌脂雌披嬉
貍籬茲騎曦歧岐私熙欺斯笞貲疵資楣伊蓍緇
箕嶷脾推漪尼騏蠡漓輜祺貽耆猗衰

五微 古通支

微薇暉徽幃違闈霏飛騑非扉肥威旂機磯稀希
衣巍淝誹葳

六魚 古通虞

魚漁初書舒車裾輿餘胥鋤梳虛徐廬諸琚與苴
蜍屠畬如閭歔齬据

七虞 古通魚

虞無蕪隅儒衢須株榆蛛驅軀朱珠趨扶符雛鳧
夫膚敷輸樞謨胡駒湖弧圖途呼吳酥都烏枯鋪
誣桴蹰沽拘洙瑜

八齊 古通支

齊黎淒妻躋悽低提蹊兮雞題嘶迷畦泥谿荑奚
嵇締詆西霓梯猊

九佳 古通支

佳街鞋牌釵柴涯諧骸排懷淮豺儕埋霾齋媧蝸
娃哇皆楷蛙槐喈偕乖

十灰 古通支

灰恢魁隈回徊槐枚梅媒煤瑰雷壘催摧堆陪杯

醅嵬莓萊栽猜思腮推開哀埃臺苔才該材財陔
駘嵦台抬唉偎

十一真 古通庚青蒸轉文元寒刪先

眞因茵辛新薪晨辰臣人仁神親申伸紳身賓鄰
濱鱗麟珍瞋塵陳春津秦顰嚬銀垠筠巾民鈱緡
貧淳蓴醇純脣倫綸輪淪勻巡旬馴鈞均臻榛姻
宸旻彬鶉循甄椿岷禋寅嬪遵屯峋恂莘轔眕氤
彙誾呻闉泯荀

十二文 古轉眞

文聞紋雲分氛紛芬焚墳群裙君軍勤斤筋勳薰
曛葷耘云芸棼汾枌氳芹欣殷雯昕

十三元 古轉眞

元原園垣轅煩繁蕃樊翻暄喧萱冤言軒藩魂渾
溫孫門尊存敦豚村盆奔論坤痕根恩呑沅湲媛
爰反諼掀垠崙琨宛袁掄

十四寒 古轉先

寒韓翰丹單安殫難餐壇灘檀彈殘干肝竿乾闌欄瀾蘭看丸桓酸團摶官觀冠鸞巒寬歡盤姍磐驩般完奸珊攤鑽潘攔萑灣

十五刪 古覃咸轉先

刪關彎還環鍰圜斑頒顏蠻姦攀頑山間鰥艱閒閑嫺慳潺

下平聲

一先 古通鹽轉寒刪

先前千阡箋天堅肩賢弦絃煙蓮憐田塡鈿年顚巓牽姸硏眠涓邊編玄還仙鮮錢煎延筵禪纏連聯篇偏綿全宣穿川緣捐鳶鉛旋娟船鞭銓筌專圓乾虔愆權傳椽員拳磚焉濺咽舷還翩痊嬋棉

二蕭 古通肴豪

蕭蕭挑貂刁凋彫雕迢條髫蜩苕調寥撩僚邀消
宵霄堯銷朝超潮囂樵驕嬌焦蕉椒燒遙榣瑤韶
招飆標苗描貓腰要橋妖飄翹僑獠喓釗逍燎摽

三肴 古通蕭

肴巢交郊茅嘲鈔膠包爻苞梢蛟庖敲胞鮫拋淆
教姣跑

四豪 古通蕭

豪毫操髦刀萄桃糟漕旄袍撓蒿濤號陶翱曹糕
遭高嘈毛騷膏牢醪濠璈淘

五歌 古通麻

歌多羅戈阿和波科柯娥蛾鵝荷何遇磨螺禾歌
娑佗峨珂軻蓑梭婆摩魔訛坡頗俄哦跎倭

六麻 古通歌

麻花霞家華沙牙蛇瓜斜嘉瑕紗鴉葩衙琶誇加
差蝦笳譁葭爬驊娃划椏呀

七陽 古通江轉庚

陽揚楊香鄉光昌堂章張王房芳長塘粧常涼霜
藏場央泱鴦秧嬙狼床方漿觴娘梁莊黃倉皇裝
殤襄驤湘相緗廂箱忘芒望檣槍償坊囊郎唐狂
強腸康岡蒼匡荒行妨棠翔良航颺悵倡疆糧桑
將牆剛祥洋徉梁量羊湯彰傷璋猖商防鋩煌篁
徨鳳蝗廊滄綱喪忙茫汪臧傍當庠昂裳杭戕蔣
亡崲鑲

八庚 古通眞青蒸

庚更羹橫觥亨彭英瑛烹平京評驚荊明盟鳴榮
瑩兵兄卿生笙甥牲擎鯨迎行衡耕萌宏閎鶯櫻
泓橙爭箏情晴精旌菁晶盈瀛嬴營楹纓貞嬰成
城呈程聲誠征名輕傾縈賡崢嚶偵瓊撐猩嶸

九青 古通眞

青經涇形刑邢型亭庭廷霆蜓渟停寧丁釘仃馨

星腥惺靈齡鈴泠零玲翎聽廳冥溟銘汀瓶軿螢
屏

十蒸古通眞

蒸丞承懲陵凌綾冰膺應繩乘升興勝憑仍矜兢
徵凝稱登燈僧增曾層能鵬弘肱騰滕藤恆朋

十一尤

尤郵優憂流旒榴騮留由油猷牛修羞秋周州舟
酬柔儔籌丘稠抽遒收鳩騶愁休求裘仇浮侯喉
謳鷗甌樓陬偷頭投鉤溝幽綢猶蕕酋售賙揉咻
逑庥

十二侵古通眞

侵尋潯林霖臨鍼箴斟深心淫琴禽擒欽吟今襟
金音陰岑駸琳忱任愔淋參涔

十三覃

覃潭譚曇參驂南男庵涵含嵐蠶貪耽堪探戡弇

甘 酣 籃 柑 暫 藍 擔 眈 郯 憨

十四鹽古通先

鹽 檐 廉 簾 嫌 嚴 占 髯 謙 纖 籤 瞻 蟾 炎 添 兼 霑 黏 閻

甜 恬 箝 砭 漸 殲 黔

十五咸古通刪

咸 函 鹹 緘 銜 巖 帆 衫 杉 凡 饞 喃

以上所列韻字，內多古人之本音，由於今古字音聲讀不同，極易予人以參商寡合、韻律難契之感覺，然其實皆有原本之考據，固無謬誤。次爲各韻目下所註之「通」韻，蓋通韻字，原爲作古詩用，第唐代以降之詩人，作律詩亦偶有用通韻者。又台灣中華書局印行之「辭海」，對於字之平仄與韻別，均有明確註記，初學者在調聲辨韻遇有存疑時，可查閱參證。

第四節　律詩實例

一、喜慶詩：

(一)新婚通用

賀新婚

銀燭光搖玳瑁筵。樓河初渡鵲橋仙。黛眉恰似纖鉤月。玉貌何殊並蒂蓮。
紅葉溝邊傳好句。紫簫聲裡住飛泉。行看夢叶熊羆吉。鼓瑟雍雍正妙年。
嘉偶天成拜玉堂。爭看嬌女配仙郎。樽前合巹調鸚鵡。臺上吹簫引鳳凰。
華月團圓除寶扇。香雲婀娜鬥新妝。因風傳語張京兆。日畫春山幾許長。

賀政界新婚

上苑欣聞弄玉吹。高風此日說齊眉。分擔家國平章事。載詠河洲窈窕詩。
並蒂花開連理樹。同心帶引合歡卮。試看庭畔宜男草。今夜先開第一枝。

賀軍界新婚

夫倡婦隨吉禮同。韓梁眷屬世所崇。長楊日暖祥光集。細柳風高樂意融。
帳掛芙蓉添喜氣。屏開翡翠奪天工。雙星今把銀河渡。好事行看夢叶熊。

賀學界新婚

負芨歸來喜欲狂。玉人交拜在華堂。鵲橋乍渡歡何若。鴛牒新成樂未央。

自有文章驚宇宙。且將粉黛伴閨房。百年偕老和鸞鳳。認得溫柔是此鄉。

賀商界新婚

孟梁自古慕高風。載滿而歸六禮通。寶炬光搖親美貌。香衾夢熟訴私衷。
權將玉帛藏閨內。繡得絲蘿賣市中。琴瑟和鳴今日起。百年偕老樂融融。

賀嫁女

標梅迨吉訂紅絲。寶炬光搖樂可知。繡罷鴛鴦移玉步。詩成柳絮展花枝。
珠樓喜見乘龍選。璇閣還誇跨鳳姿。奏得催妝歌一曲。相夫有禮室家宜。

㈡祝壽通用

祝男壽

南極星明映少微。笙歌縹緲奏庭闈。繩頭細字猶能讀。鶴髮高年早已祈。
月下蘭交拖綠玉。筵前桂子舞班衣。稱觴願進長生酒。鳧履翩翩雙鳥飛。

祝女壽

彤管從來紀母儀。況如鍾郝最堪師。丁年挽鹿曾偕隱。子夜丸熊自課兒。

祝雙壽

靄靄絳雲連海屋。翩翩青鳥度蓬池。笑看璇閣題春酒。薛鳳荀龍到處隨。

輝煌南極星初現。綺麗西池宴復開。鳩杖同扶徵壽相。兕觥並進醉仙醅。
芙蓉帳暖花齊繞。蘭桂香濃樹共培。爭羡百年方燕爾。會看笙鶴下蓬萊。
羡君佳偶復齊年。遲日春風敞壽筵。璇閣欣看雙伉儷。珠樓並坐兩神仙。
紅牙漫奏同笙曲。青鳥紛銜五色箋。鴻案相莊稱盛德。莫教梁孟專於前。

祝九十歲男壽

翩翩風度甚雍好。弧矢新懸瑞氣濃。清酒留賓常十日。談經奪席已三重。
問年獨冠香山首。稽古休誇伏勝胸。最喜稱觴集謝鳳。亭亭綠水立芙蓉。

祝百歲男壽

玉露盈盈丹桂榮。欣瞻風度冠耆英。彩雲常向歌筵繞。春酒頻將舞袖傾。
四代衣冠眞接武。百年琴瑟喜同聲。更看鳳羽聯翩起。應有蒲輪谷口迎。

沈鴻烈先生八十壽詩

沈先生字成章，湖北天門人，爲清末生員。早歲赴日研習海軍，歸國後，奉命創建海防艦隊及海軍軍官教育，以績著洊升海軍上將，民國二十年起，先後膺任青島市長、山東、浙江省府主席，農林、銓敘部部長等要職。壽誕時任總統府國策顧問。

其一　　　　　　　　　　　　　張　群

横海樓船鎭北洋。入居臺省外封疆。策勳有耀兼文武。積健爲雄本敬臧。

上壽即應尊大老。中興還藉重巖廊。蓬瀛秋色春同好。喜萃鵬簪共舉觴。

其二　　　　　　　　　　　　　謝冠生

東北勳名著海疆。政聲浙魯頌甘棠。農林利溥紓民困。銓選登庸蔚國光。

一代耆英崇洛社。百年福壽擬汾陽。杖朝人瑞懸弧日。蓬島優游茀祿康。

其三　　　　　　　　　　　　　張昭芹率子茲闓

横海樓船建羽旂。移旌又報領疆圻。以從戎事歲無外。於變黎民見亦稀。

老有衣冠敦古處。長留松柏弄晴暉。問年八十吾猶忝。坐對方瞳始覺非。

其四　　　　　　　　　　　　　莫德惠

緩帶輕裘儒將風。先憂後樂著豐功。松江政績龔黃譽。吳越循聲召杜同。

洛社耆英尊潞國。磻溪福壽媲姜公。甘棠大樹名堪比。願祝期頤不老翁。

其五　　　　　　　　　　　　　張知本

功名事業數從頭。岳降嵩高八十秋。任寄疆圻昭懋績。回翔臺閣樹宏猷。

棲身猶在七鯤島。著手能修五鳳樓。東海太公同後載。熊羆一夢重興周。

其六　沈兼士

欣聞海屋正添籌。龍馬精神罕與儔。召伯愛民傳治績。山公啓事著嘉謀。
高齡自合耆英會。碩畫尤宏渭水猷。日麗蓬壺春永在。武功文德足千秋。

其七　朱慶國

先生福祿壽俱全。到處爭看陸地仙。東魯甘棠餘綠蔭。西湖琴鶴入新篇。
一方玉尺掄英彥。十萬樓船擁海天。勳業輝煌留黨國。嵩呼八秩慶華筵。

其八　杜定芳

杖朝人瑞壽無涯。風骨崚嶒更可嘉。威德治軍揚海甸。清明親政話桑麻。
才雄一代兼文武。績懋千秋在國家。渭水前賢江夏見。還看匡濟復中華。

其九　呂伯融

忠貞體國早馳名。威鎮東南一抹平。鄂渚摛華光宇宙。汝源流彩渙滄瀛。
巍巍嵩嶽朝霞絢。汎汎蓬壺紫氣呈。自古仁人稱鶴算。童顏永駐耀長庚。

其十　劉宜廷

宣勞黨國幾春秋。鎮撫軍民顯藎猷。變亂不磨仁者壽。笑談能使倭敵惆。
常懷翊輔萬鈞志。直把妖氛一氣收。大樹甘棠人共仰。欣看海屋正添籌。

金維繫先生九十壽詩

金先生字幼翰，安徽合肥人。曾任中華革命軍皖中司令官，大元帥府參議，武平縣長，第一屆監察委員，中國國民黨中央評議委員等職。

其一　謝仁釗

鄉誼邱陵重。國光寶島欽。殊勳昭革命。勁節勵丹心。
手佈人間祉。身爲天下任。南台登九秩。到處播徽音。

其二　顧祝同

首義堂堂稱鬥士。風雲掃盪立奇功。邦楨多仗經綸略。閣老彌欽德望崇。
雅素論交眞耐久。壯容依舊未成翁。堆眉嶽氣欣逢吉。百壽圖開爲詠崧。

其三　曹翼遠

皖山淝水獻靈芝。龍馬精神海鶴姿。在昔頌裴傳好句。於今祝嘏借宏詞。
埋輪大節高山斗。革命元功歷險夷。耄杖優游正四國。康甯應慶逾期頤。

其四　端木愷

長淮人傑仰風儀。龍馬精神海鶴姿。禹域鴻猷頻革命。烏臺鯁論更匡時。
勳名蚤邁蟠溪叟。耄壽欣偕棨啓期。黃嶽峰高瞻大老。同賡天保晉瓊卮。

其五　鄭爲元

枌榆早歲企公名。百粤功弭永定兵。爵齒兼尊崇達德。渭涇嚴辨識渾清。

勳推桴鼓蜚時譽。望重蘭臺著令聲。默默琦行常化俗。翹瞻黃嶽萬峰青。

其六　錢用和

皖水靈鍾矍鑠翁。童顏松壽氣猶雄。同盟在昔成勛業。讜議于今著懋功。

勁直糾彈言最切。持平析理旨惟公。一元復始逢嵩壽。燭影桃觴相映紅。

趙東書先生七十壽詩

趙先生字西園，東北人。九一八變起，曾任團長、旅長、抗戰勝利後，任東北保安第十九支隊少將司令。行憲後，膺選葦河區域國大代表。來台後，復兼任中華理教會總領正，法言讜論，朝野咸欽。

其一　景佐綱

松江澄澈誕豪雄。抗日當年勛業隆。敷教依仁宏道統。匡時讜論見淵衷。

詩書積慶培心地。忠孝傳經惠海東。龍馬精神欣杖國。兕觥同晉祝沖融。

其二　徐慶鍾

戎馬一書生。鐵衣拒寇兵。旂常彪壯績。廊廟顯高名。

著論推忠孝。修持晉老彭。春回滄海日。南極耀山城。

高玉樹

其三

松江豪傑士。抗戰著奇功。龍虎風雲會。白山黑水中。
勤王護憲政。丹府報元戎。志切中興業。壽開金石同。

雷法章

其四

遼東物望數耆英。武略文韜雅擅名。輓粟蜚芻張士氣。揮戈返日壯軍聲。
高風前席攄宏讜。法雨慈航濟衆生。三教一鐙輝巨著。歲寒松柏翠常盈。

顧祝同

其五

平生報國志。文武有兼長。夙著疆場績。今爲壇席光。
修身明至道。救世熱衷腸。仁者心無礙。端宜卜壽康。

沈貫卿

其六

祥迎亞歲極星明。蹌濟賡歌祝老彭。議席耆英年杖國。松江雅望世簪纓。
翩翩書記師千領。卓卓慧行理教宏。贊化中興功不朽。天留矍鑠重雙城。

王果正

其七

白山黑水毓人豪。誰比斯人義氣高。昔日揮戈逐亂寇。如今宏教挽狂濤。

讜言已是著勳績。復國猶能試寶刀。大德從來臻上壽。歲寒益見柏松操。

其八　徐華江

嶺縣芳馥敞瓊筵。嘏慶稀籌海屋添。冀北空群誇俊彥。台員春煖護神仙。
高風峻格情偏淡。勁節祥徵老益堅。匡助中興資讜論。九如合頌福綿綿。

其九　侯家傑

雲開金屋喜添籌。白鶴瑤笙下十洲。幕府談兵依大樹。轅門校獵試輕裘。
書勳久已標銅柱。錫老今將進玉鳩。勇力自來推李郭。功成不伐赤松遊。

二、哀輓詩：

輓男喪通用

大雅今搖落。如君竟不留。星沉處士里。月冷庾公樓。
圖史堆遺案。山川感舊遊。願言他日事。清白是箕裘。

故家遺老半凋亡。況是先型足表揚。玉樹忽然寒素影。金階無復仰靈光。
排紛每若春冰解。沛澤渾如夜露瀼。此日碑銘眞不愧。郵傳哀訃盡悲傷。

一代風流羨使君。少微詎意竟沉淪。剡溪何處尋高士。燕市而今去酒人。
月照疏簾詩思健。花飛滿徑客過頻。騎箕豈踐桃源約。風雨迷離未許親。

輓女喪

婺星昨夜隕長空。一束生芻拜殯宮。四德雍容班氏女。百年伉儷鮑家驄。
疏燈夜映珠簾外。清磬朝參繡閣中。淑範而今誰得仰。寒烏不斷咽悲風。
玉度蘭儀播里閭。當年鍾郝果何如。殘燈掩映催刀尺。寒夜殷勤問起居。
螺黛長拋春色暮。環珮空憶月明初。黃門此日腸應斷。憔悴無人輓鹿車。

輓政界喪

使君政績憩甘棠。話到騎鯨淚滿裳。鶴唳不堪秋夜聽。羊碑猶在客心傷。
泉臺縹緲青燐暗。玉樹蔥蘢志氣長。獨愧生平期許意。至今搖落鬢毛蒼。

輓軍界喪

江城昨夜落星明。聲震軍門櫪馬驚。寰海烽煙資勇略。漫天風雨哭孤旌。
金甌已著生前績。青史還垂身後名。寄語三軍齊努力。赤氛掃盡開昇平。

十載郊原臥鼓鼙。一朝星隕渭城西。旌旗暗淡吳鈎冷。刁斗淒涼宛馬嘶。
充國犁開千畝綠。析連家接五雲齊。他年若得思雄略。姓氏還將麟閣題。

輓學界喪

心肝底事竟拚嘔。遽爾修文赴玉樓。自昔聲名推北海。至今桃李滿東甌。
謝家樹畔芝蘭秀。陶令庭前松菊幽。晨夕相依裴執紼。不堪重憶舊時遊。
天喪斯文古共悲。問天夢夢渺難知。白眉自昔傳芳舉。黃絹由來羨好詞。
親老胡違終養願。兒孤偏棄及婚時。九原莫起西風裡。器到無聲輓以詩。

輓商界喪

最是星沉處士初。老成凋謝奈何如。鹿門無復龐公蹟。鴻寶長存范蠡書。
遺挂漫隨斜照裡。靈旛空睹曉風餘。從來仙侶多遊戲。化鶴何時返舊廬。
一望平蕪繞綠波。送君丹旐更如何。生財無復陶朱在。樂利曾聞管子過。
嶺上晴雲連草水。江邊夜月映藤蘿。他年華表歸來候。喬蔭森森聽玉珂。

輓業師喪

中天一夜隕星鉎。木壞山頹倍感傷。歲近期頤誇鶴算。家羅金紫耀龍章。
感恩空灑門牆淚。奕世猶沾翰墨香。曾見豐碑插漢起。高文何少蔡中郎。

輓朋友喪

晨夕相依衡澤鄰。少微此日忽沉淪。剡溪何處尋高士。燕市而今少酒人。
月照疏簾詩思健。花飛滿徑客過頻。今朝豈踐桃源約。風雨迷離未許親。

先總統　蔣公輓詩

其一　　丁治磐

痛教天難慕羹牆。夜雨驚雷撼八荒。繼統人知恢道統。大喪我更致心喪。
中和建極無私覆。外攘唯寬有德光。未任幺麼逞狡獪。靈旌導與向昆陽。

其二　　刁抱石

元戎遽爾乘龍去。朝野悽惶涕淚零。志繼中山垂世範。功侔五帝實天經。
施恩布澤弘仁道。理亂安危樹典型。應有涓埃同報答。收京重謁蔣山青。

其三　　方延豪

地坼天崩一柱傾。群黎聞耗盡哀鳴。巨星此夕悲沉曜。殘劫何年占太平。

勛績千秋無可擬。衣冠萬國驟同驚。恭聆遺訓應尤奮。素旐雄如返陸旌。

其四　毛一波

服孝遍天下。哀思雨露深。攘夷存國脈。勤政入人心。
革命勞身教。遺言念陸沈。萬民知繼起。誓復舊家林。

其五　余若愚

星隕蓬瀛雨淚天。清明桃李亦淒然。蒸民痛哭懷元首。世界驚呼失巨賢。
志業未酬言在耳。河山待整史重編。炎黃子弟齊興起。莊敬自強快著鞭。

其六　申丙

龍髯莫挽見羹牆。起蟄雷聲震大荒。日角終教恢禹甸。天涯何處不心喪。
貞元運起人相勉。勛烈無前史有光。劍珮股肱還是舊。會隨白水下昆陽。

其七　王家鴻

奉化生人傑。蓬萊殞大星。應天湯武業。救世孔耶心。
北伐中原定。東征富士腥。銅棺閟遺恨。終葬蔣山青。

其八　吳春晴

霹靂晴宵下昊穹。霎時龍去鼎湖空。銜哀黎庶萬千上。奔問皇華絡繹中。

縞素三軍恭職分。遺謨百忍制憂忡。收京他日奉安去。終信鍾山屬蔣公。

其九　吳萬谷

早造新邦茹百憂。晚規興漢厲戈矛。黃魂安托星沈海。赤縣瞻依后待周。
萬國衣冠哀巨哲。一宵雷雨送靈虯。鼎湖便是慈湖地。何限攀髯涕泗流。

其十　何南史

巨星一夕墜鯤洋。忽震雷霆八表傷。四海群生齊痛泣。中天景色更蒼涼。
遺言復國長遵守。聖德垂寰永不亡。更冀神靈威赫怒。雷龍風虎掃紅羊。

其十一　周冠華

驚悼山陵壞。傷悲淚滿巾。功勳昭日月。志氣貫天人。
遺囑全民奉。精神萬古新。英靈定長在。佑護淨胡塵。

其十二　胡東海

噩耗傳來舉世悲。巨星忽殞淡江湄。全民痛哭凋良範。萬國哀鳴失導師。
遺囑一篇金石壯。掃除大劫聖賢詞。精神不朽留青史。浩氣長存耀漢基。

其十三　馬星野

石槨人天隔。慈湖遺愛深。淒涼兩行淚。感激十年心。

翠嶺高山頌。哀蟬流水吟。夕陽歸去路。一步一沾襟。

其十四　林維周

滿眼狂瀾世欲傾。那堪堡壘墜長庚。漫天忍看淒涼色。動地頻傳慟哭聲。

大業自能歸正統。聖心永繼在群生。一篇遺囑千秋意。振起黃魂塞八紘。

其十五　易大德

雄才大略早鷹揚。蓋世勳名震四方。討逆三年歸一統。抗倭八稔復全疆。

正期牧野除殘賊。何意鼎湖返帝鄉。億萬軍民齊隕涕。誓承遺志奠苞桑。

羅萬車先生輓詩

羅先生早歲負笈日本明治大學，與美國賓夕凡尼亞大學，平生好客，廣交中外人士，曾隨林灌園倡設臺灣議會。嗣後創立臺灣新民報，十二年間獨立一幟，作同胞喉舌，竟遭日人強併於臺灣新報。光復後，當選臺中縣議會議長，立法委員，彰化銀行董事長等要職。頃參加中日合作會議赴東京，俄聞宿疾迸發，遂爲不歸之客。

其一　陳木川

才如江海志如山。拔俗超塵豈等閒。留日留洋研學術。至剛至毅斥權奸。

苦心創設新民報。戮力周旋異族間。光復臺澎膺重任。忠心耿耿照人寰。

其二　林玉華

驚心噩耗忽傳來。萬里扶桑運骨灰。魂伴灌園榮兩國。名齊滄海擅三臺。
無誇學術無誇志。不重頭銜不重財。星斗埋光花帶淚。奈何天亦妒奇才。

其三　黃庚申

中天星隕暗瀛洲。朝野含哀淚泗流。仗義輸財誰可似。生榮死譽孰堪儔。
經營民報餘殊績。主領彰銀足遠謀。惆悵一朝乘鶴去。名留人世自千秋。

其四　陳逢源

抗暴聲中結友緣。年時渡海究源泉。千場酒美常延客。一紙風行竟絕絃。
晚握金融天獨厚。新開言路子當先。何期小別扶桑去。忽聽哀音老淚漣。

其五　陳木川

日本須勳自有眞。生榮死譽總難倫。孟嘗氣概懷豪爽。國父精神具至仁。
讜論匡時能救國。立規正俗可蘇民。施無望報誰能及。萬古高風仰此人。

第二章 對聯

第一節 對聯之起源

對聯相傳昉始於古代壓邪驅鬼之桃符。六帖：「正月一日，造桃符著户，名仙木，百鬼所畏。」至五代時，復於桃符上題聯語。據典籍記載，後蜀主孟昶有命學士爲題桃符，以其非工，乃自命筆題句：「新年納餘慶，嘉節號長春。」之軼事。又按陳雲瞻簪雲樓雜話：「春聯之設，自明太祖始，帝都金陵，除夕傳旨，公卿士庶家，門上須加春聯一副。」明太祖並親賜陶安門帖曰：「國朝謀略無雙士，翰苑文章第一家。」是爲春聯之嚆矢，於焉上行下效，翕然成俗，而其應用範圍，亦日益廣闊矣。諸如樓臺、園亭、廟宇、寺觀、祠堂、名勝、古蹟等處所，多有對聯之書題，而且聯語或石勒、或木刻、或竹雕，俱極精心。既能望文知義，抑復典雅美觀。迨滿清代明而有天下，以至民國肇建以還，更是踵事增華，風氣大昌。舉凡壽誕、婚嫁、添丁、新居落成、商店開業、喪祭哀輓等酬酢，朝野上下，莫不以致贈對聯爲競尚。故對聯在應酬文字中，蔚然成爲不可或缺之珍寶焉。

第二節　對聯之作法

對聯之作法，與駢文律詩大同小異，駢律兩體文字多，篇幅大，敘事較易，而其起承轉合之結構設計，反因文繁而困難。對聯，雖通常字句較少，然因文簡而義廣，故操觚亦非易易。茲將對聯之體製説明如后：

一、對仗工整：

對聯之體製，一如駢文律詩。上下兩聯，不但字數相同，文義對稱，且詞性亦須相對，即名詞對名詞，動詞對動詞，形容詞對形容詞，副詞對副詞。關於對仗之論列，劉勰麗辭篇列舉四對，並謂言對爲易，事對爲難，反對爲優，正對爲劣。言對者，雙比空辭者也。事對者，並舉人驗者也。反對者，理殊趣合者也。正對者，事異義同者也。長卿上林賦云：「修容乎禮園，翱翔乎書圃。」此言對之類也。宋玉神女賦云：「毛嬙鄣袂，不足程式；西施掩面，比之無色。」此事對之類也。仲宣登樓云：「鍾儀幽而楚奏，莊舄顯而越吟。」此反對之類也。孟陽七哀云：「漢祖想枌榆，光武思白水。」此正對之類也。凡偶辭胸臆，言對所以爲易也。徵人之學，事對所以爲難也。幽顯同志，反對所以爲優也。並貴共心，正對所以爲劣也。又以事對，各有反正，指類而求，萬條自昭矣。按劉勰所言，乃對仗之原則，而非對仗之方法。對仗之方法甚多，在文鏡秘府論中，謂對有二十九種，殊感繁碎，爲期初學者得有概念，茲約錄十種於下：

㈠**的名對**：又名正名對、名正對、名切對。此爲初學作對之基礎。如天對地、日對月、好對惡、去對來等是也。

㈡**隔句對**：又名偶句對、雙句對。謂第一句與第三句對，第二句與第四句對。如滕王閣序：「漁舟唱晚，響窮彭蠡之濱；雁陣驚寒，聲斷衡陽之浦。」

㈢**聯綿對**：謂一句之中第二字第三字是重字，上句如此，下句亦然。如「看山山已峻，望水水乃清，聽蟬蟬響急，思卿卿別情。」

㈣**雙擬對**：謂一句之中，假如第一字是秋，第三字亦是秋，下句亦然。如「夏暑夏不衰，秋陰秋未歸，炎至炎難卻，涼消涼易追。」

㈤**互成對**：互成對者，原爲天與地對，日與月對，名正名對。若兩字一處用之，則爲互成對，言互相成也。如「天地心閒靜，日月眼中明，麟鳳千年貴，金銀一代榮。」

(六)**異類對**：又名異名對。異類對者，上句安天，下句安山，上句安鳥，下句安花，如此之類，名爲異類對。如「風織池間字，蟲穿葉上文。」

(七)**雙聲對**：凡字之聲母相同者，曰雙聲。「秋露香佳菊，春風馥麗蘭。」佳菊、麗蘭，皆雙聲。

(八)**疊韻對**：凡字之韻母相同者，曰疊韻。如「山横玉海蒼茫外，人在冰壺縹渺中。」蒼茫、縹渺，皆疊韻。

(九)**疊字對**：如「未欣欣以向榮，泉涓涓而始流。」欣欣、涓涓，皆疊字。

(十)**流水對**：凡上下聯意義相聯貫，不能分割者屬之。如「此地一爲別，孤蓬萬里征。」

以上所引論據，初學者果能用心推勘，多事模擬，庶可聞一知十，觸類旁通矣。

二、平仄諧協：

平仄即聲調，聲調乃文學藝術之要質。姑以淺顯事例言之，譬諸說書、唱戲、唱歌，無一不精確講求喉舌齒唇之聲調技巧。聲調工巧者，能使人盪氣迴腸，繞梁三日。聲調拙劣者，則令人索然乏味，昏昏欲睡。同理推演，撰寫駢文律詩。固應著意於此，作對聯亦然。聲調學，古有宮商角徵羽五音，後有平上去入四聲，要之，不外以聲調之高低、強弱、長短、快慢而區分之也。由於平仄措置得宜，始能使文字清越鏗鏘，躍然紙上。由於音律諧協，始能昇華聯語之意境，使人玩味無窮。製作對聯，凡係五言、七言者，必須確切按照律詩平仄法則行事。如聯語每聯多至十一字，同時每聯分爲上四下七兩句者，上聯第一句應仄起平收，即第二字須用仄字，第四字須用平字。第二句全句照七言律詩第三、五、七句作法處理，即末一字須用仄字。下聯第一句應平開仄合，即第二字須用平字，第四字須用仄字，第二句全句照七言律詩第二、四、六、八句作法處理，亦即末一字須用平字。如春聯「春到人間，萬里江山迎紫氣；仁施宇內，千年禮教繫黃魂。」又如聯語每聯多至十六字，同時每聯分爲上五、中四、下七、三句者，上聯第一、二兩句之末一字，均應爲平字，最後一句之平仄與前例同。下聯第一、二兩句之末一字，均應易爲仄字，最後一句之平仄，亦與前例同。如輓工商界父聯「聲望冠市廛，齒德俱尊，方信善人終是福；懋遷承先志，箕裘克紹，固知貨殖有眞傳。」餘類推。以上爲對聯平仄配置之傳統法則，初學者於閱覽對聯時，希能細心探研，久之則工拙立辨，默然自契矣。

三、辭意貼切：

任何對聯，皆有特定之對象，對象無論其爲人、爲事、爲時、爲地、爲物，必須把握題旨，遣辭造意，方能以簡練之文字，而深中肯綮之妙用。如賀聯輓聯，應注意彼此間之身分、地位與關係，以及對方之性別、年齡、職業，與生平功業德行，分別以妥貼適當、恰如其分之語詞，以表達祝頌、哀輓之情意。又如機關學校楹聯，則應分別針對機關業務職掌、學校教育宗旨，而造意構思，切勿張冠李戴，誤甲爲乙。此其大較也，至運用之妙，則端視作者之匠心耳。

四、深淺合度：

一副對聯，一經展示於人，最好能使雅士及尋常之人，俱能望文知義，同欣共賞，故於鋪辭述情時，務求析辭必精，表情必顯，雅俗兼顧，深淺合度。力戒專重典實，馳騖深奧，而流於體要晦闇不明，文義艱澀難解。劉彥和風骨篇有云：「若夫鎔鑄經典之範，翔集子史之術，洞曉情變，曲昭文體，然後能孚甲新意，雕畫奇辭。昭體，故意新而不亂；曉變，故辭奇而不黷。」誠的論也。吾人習作對聯，宜細繹個中三昧，奉爲圭臬。

第三節　對聯實例

對聯文字之繁簡，句數之多寡，以及句型之設計與長短句之配置，往往因事異人殊，其體製多不相同。是以本節所錄實例，對於選樣取材，儘量著眼於多元性，俾資習作之借鏡。又對聯實例中，其聯語有多至若干句者，在閱覽時，應特別注意每一句末一字之平仄。按照傳統法則，凡上聯某一句之末一字是平聲，其下聯相對句之末一字應爲仄聲。反之，上聯某一句之末一字是仄聲，其下聯相對句之末一字應爲平聲。總之，此平彼仄，此仄彼平，方爲合式。此外，任何一副正格對聯，其上聯最後一字應爲仄聲，下聯最後一字應爲平聲。此乃不易之鐵則，尤應留心勘驗。

一、喜慶聯：

㈠新婚通用

四　言

⑴三星在户，百輛盈門。⑵花嬌金谷，春暖璇閨。⑶花迎寶扇，雲擁妝台。
⑷風和日麗，花好月圓。⑸螽斯衍慶，燕爾孔嘉。⑹春花馥郁，秋月團欒。

⑺花開並蒂，縷結同心。⑻兩情蜜月，一曲薰風。

五　言

⑴百年歌好合，五世卜其昌。⑵鳥語紗窗曉，鶯啼繡閣春。⑶攝成雙璧影，締結百年歌。⑷燭照香車入，花迎寶扇開。⑸錦瑟調鴻案，香詞譜鳳台。⑹結成平等果，開出自由花。

七　言

⑴寶鏡台前人如玉，金鶯枕側語如花。⑵花開並蒂鴛鴦暖，酒醉同心琥珀濃。⑶芙蓉鏡映花含笑，玳瑁筵開酒合歡。⑷二姓聯盟成大禮，百年偕老福長春。

八　言

⑴鳳凰鳴矣，梧桐生矣；鐘鼓樂之，琴瑟友之。

⑵鴻案相莊，百年偕老；鳳占吽吉，五世其昌。

⑶鳳吉諧占，熊祥入夢；芝泥發彩，蘭蕊浮香。

⑷鸞鳳和鳴，瓊花並蒂；螽斯衍慶，玉樹連枝。

十　言

⑴蟾影浮光，皓月交明花燭；龍鱷應律，祥雲直逼星橋。

⑵縷結同心，日麗屏間孔雀；蓮開並蒂，影搖池上鴛鴦。

十一、十二言

(1)白璧同心，百歲夫妻良匹耦；赤繩繫足，千秋鸞鳳永和鳴。

(2)一對璧人來，彩筆題成鸚鵡賦；幾番花信至，春風吹引鳳凰簫。

(二)祝壽通用

1.男壽

五言

(1)願獻南山壽，先開北海樽。(2)椿樹千尋碧，蟠桃幾度紅。

(3)松齡添歲月，鶴算紀春秋。(4)籌添滄海日，嵩祝老人星。

(5)九如天錫嘏，五福壽爲先。(6)南山欣作頌，北海喜開樽。

六言

(1)大德享無量壽，惟公有不朽名。

(2)如岡如陵如阜，多福多壽多男。

七言

(1)三祝筵開歌大壽，九如詩誦樂嘉賓。

(2)芝蘭氣味松筠操，龍馬精神海鶴姿。

(3)瓊宮牒註長生字，蓬島春開富貴花。

(4)室有芝蘭春自永，人如松柏歲常新。

(5)龍門泉石香山月，蓬島煙霞閬苑春。

2.女壽

五言

(1)玉樹盈階秀，全萱映日榮。(2)瑤池春不老，壽域日方長。

(3)萱草千年綠，蟠桃萬樹紅。(4)金萱和日煦，寶婺挹星輝。

七言

(1)自是荀龍堪繼志，原來陶母善貽謀。

(2)天開麗日千秋歲，雨沐春風五色雲。

(3)麻姑酒滿杯中綠，王母桃分天上紅。

(4)天護慈萱春不老，門懸綵悅色常新。

(5)蟠桃已結瑤池露，玉樹長留閬苑春。

3.雙壽

(1)堂上椿萱喜並茂，壼中日月慶雙輝。

(2)鳳凰枝上花如錦，松菊堂中人並年。

(3)雅川夫婦丹砂酒，謝傳兒孫玉樹枝。

(4)劉樊眷屬神仙侶，荀薛兒曹龍鳳姿。

(5)鳳引斑衣人繞膝，觴飛綠醑案齊眉。

(6)蓬島眞人，瑤池仙子；世間全福，天上雙星。

二、哀輓聯：

(一)男喪通用

五言

(1)人間耆老逝，天上大星沉。(2)天不留耆舊，人間惜老成。

(3)人生如大夢，天地本無情。(4)此日騎鯨去，何年化鶴來。

六言

(1)直道至今猶在，清名終古長留。(2)是前輩之風範，貽後世以楷模。

七言

(1)白馬素車愁入夢，青天碧海悵招魂。(2)大雅云亡梁木壞，老成凋謝泰山頹。

(3)道德文章歸後輩，淒風殘雨哭先生。(4)明月清風懷舊宇，殘山賸水讀遺詩。

八　言

(1)大雅云亡，空懷舊雨；哲人其萎，悵望高風。

(2)世事無常，空留塵榻；音容何處，悵望人琴。

(3)菊徑荒涼，道山遽返；蓉城縹渺，仙駕難迴。

(4)先生之風，高山共仰；哲人其萎，舉世同悲。

(5)有德於人，有功於國；其生也榮，其死也哀。

九　言

(1)契合擬金蘭，情懷舊雨；飄零悲玉樹，淚灑西風。

(2)世事嘆無常，空留塵榻；音容渺何處，悵望人琴。

十一言

(1)菊徑荒涼，流水夕陽千古恨；蓉城縹緲，淒風苦雨百年愁。

(2)泰山其頹，親戚友朋咸震悼；大星云落，人間天上共含哀。

十二言

(1)月冷庾公樓，直道至今猶可憶；星沉處士里，舊遊何處不堪悲。

(2)道其猶龍乎，劍水雲橫嗟去渺；翁今化鶴矣，花亭月黯恨歸遲。

㈡女喪通用

五　言

(1)蓬島歸仙駕，萱幃想母儀。(2)女星沉寶婺，仙駕返瑤池。

(3)名標彤史範，望斷白雲鄉。(4)金萱摧夜雨，寸草泣春暉。

七　言

(1)花落萱幃春去早，光寒婺宿夜來沈。

(2)慈竹當風空有影，晚萱經雨不留芳。

(3)寶婺光沉天上宿，蓮花香現佛前身。

(4)溫恭允著閨中則，淑慎堪稱閫內師。

(5)母儀足式輝彤管，婺宿光沉暗繡幃。

(6)綺閣風淒傷鶴唳，瑤階月冷咽鵑啼。

十一言

(1)夢斷北堂，春雨梨花千古恨；機懸東壁，秋風桐葉一天愁。

(2)景象淒清，院裡風寒聲慘切；音容縹緲，天邊月落恨何如。

(3)青鳥傳來，王母歸時環珮冷；玉簫聲斷，秦娥去後鳳臺空。

十四言

持勁節以撫諸孤，早有賢聲傳里巷；本懿德而享上壽，毫無遺憾到泉台。

十五言

相夫挽鹿，課子丸熊，淑德早標彤史範；

佛座拈花，慈幃摧竹，仙蹤悵望白雲鄉。

㈢輓先總統 蔣公聯

其一　　　　　　　　　　　　　　　　張　群

爲天地立心，生民立命，牧野溯風雲，遺志允當奕世繼。

承眷遇之厚，倚任之隆，鼎湖哀殂落，愴懷空記久要言。

其二　　　　　　　　　　　　　　　　何應欽

追隨逾五十年，誼爲部屬，情若家人，兩語憶親題，安危同仗，甘苦共嘗，彌感深知蒙重任。

哀思合億兆眾，世事方艱，大雲頓遠，全民勉奮起，團結自強，中興復國，完成遺志慰公靈。

其三　　陳立夫

總理以革命未竟事業付公，自受命而還，歷東征北伐戡亂抗日，憲政樹宏規，溯五十年沾溉追隨，飽渥領袖深情，叔姪契誼。

是天俾曠代出類聖哲降世，從獻身厥後，秉大公至正盛德休容，闓澤流寰宇，縱一夕間盡瘁溘逝，長留民族浩氣，黨國馨香。

其四　　王雲五

蕩蕩乎民無能名焉，梁壞山頹，惟有蒼生同涕淚。

滔滔者天下皆是也，頑廉懦立，誓從墨經掃欃槍。

其五　　于斌

堅基督信仰，廣福音澤被全民，雙手挽狂瀾，百代英名垂宇宙。

興中華文化，行至善功高寰宇，萬衆承遺訓，一心矢志復河山。

其六　　徐慶鐘

繫天下憂樂以萬幾，盛德難名，衣缽早承先聖志。

共薄海生民爲一慟，神州待復，箕裘仍仗後來賢。

其七　　鄭彥棻

三民仁政，八表睿圖，爲耄勤常禱康寧，何期遽見登遐，在莒竟淹迴日馭。
壹秉忠貞，兩叅密勿，愧駑鈍難酬高厚，惟有矢遵遺訓，收京再告在天靈。

其八　　黃少谷

爲大道之行，天生領袖。
繼中山而逝，世喪宗師。

其九　　谷正綱

大智大仁大勇，爲中華民族革命領袖。
先知先覺先導，乃自由世界反共長城。

其十　　薛　岳

江河行地，日月經天，仰偉烈豐功，歷千秋而不朽。
薪火相傳，羹牆在念，誓收京復國，堅百忍以圖成。

其十一　　高玉樹

識威名於五十年前，親明誨在二十年後，報國矢忠誠，駑駕敢忘垂訓日。
以一身繫億萬人心，聞噩耗下千萬人淚，誓海遵遺命，中興指顧奉安時。

其十二　　連震東

是民族救星，普愛群生，即論光復臺灣，德業勳華昭百世。
如昊天聖德，定遵訓誨，惟願重登禹域，馨香祭祀奠千秋。

其十三　郝柏村

吾師爲革命導師，率群倫，外攘内安，奠定中華基石，聯友邦，除奸反共，爭取人類自由，六十年艱難奮鬥，不屈不撓，臨喪泣衆庶，聖哲播全球，眞是天與人歸，理也亦勢也。

小子是兵學弟子，受薪傳，行仁取義，勉盡軍人天職，講戰備，以寡擊衆，發揚民族精神，四十載訓誨殷拳，矢勤矢勇，立命重修持，遺言期報國，更須寓理帥氣，信然亦宜然。

其十四　林金生

畢生爲博愛自由，隻手久擎天，曠世何人能比擬。
遺志關存亡絕續，全民惟效命，中興大業誓肩當。

其十五　沈兼士

痌瘝在抱，饑溺縈懷，黎庶永難忘，夾道哀號，如喪考妣。
生有自來，逝有所爲，昊天胡不弔，中宵風雨，痛隕星辰。

其十六　王俊士

五百年挺生名世，大智大仁大勇，旋乾轉坤，功業應居三代上。

六十載領導群倫，立功立言立德，興滅繼絕，精誠直貫九霄高。

㈣輓曾國藩聯

其一　署盧州知府周金章

將相一身兼。恩眷方隆。驚看劍氣歸天。星芒墮地。

華夷同淚下。春光忽暗。愁見湘江湧浪。衡嶽埋雲。

其二　湖北提督郭松林

偉業冠古今。滿而不溢。高而不危。統求國計民生。先憂後樂。

薦賢遍天下。功則歸人。過則歸己。若論感恩知己。異口同悲。

其三　晚生左宗棠

謀國之忠。知人之明。自媿不如元輔。

同心若金。攻錯若石。相期無負平生。

其四　前湖北布政使厲雲官

待坐二十年。教砥行。教立名。眞氣貫兩間。勳業文章稱不朽。

抱病五六日。猶讀書。猶治事。大星隕一夕。民生士類痛何依。

其五　　糧道王大經

三代下無此完人。道德勛名。學問文章。運世具全神。立體祇從誠意積。

一霎間喪茲元老。朝野中外。僚屬士庶。呼天齊痛哭。傷心豈爲感恩深。

其六　　縣丞程　柱

大經濟從學問中來。當年整頓乾坤。實惟伊訓一篇。呂韜六策。

奇事業由艱難而至。此日推崇德望。允宜馨香百世。圖繪千秋。

其七　　山東知縣胡鼎祺

神仙福分。將相經綸。更清操凜然。身後只餘桑八百。

佛子衷腸。書生面目。忽前修邈矣。心喪還有客三千。

其八　　同知縣陳光烈

七省被恩膏。偉矣勛名滿天下。

三台望星象。爛然功業在人間。

其九　　浙江提督黃少春

入正揆席。出總師干。以其身繫天下安危。眞不愧元老壯猷。名臣碩畫。

德媲皋夔。功逾管晏。所注意在民生休戚。恨未見滇南解甲。隴右銷兵。

其十　江蘇按察使應寶時

舉世託安危。生而爲英。死而爲靈。痛此時白馬素車。滾滾江潮流日夜。

大儒作將相。先天下憂。後天下樂。看到處黃蕉丹荔。紛紛俎豆薦春秋。

三、春聯：

教育部文化局爲推行中華文化運動，於五十九年及六十年廣徵春聯，特錄部分入選佳作如左：

五言

佳節常思蜀；世運開新境；近海風雲壯；

平生不帝秦。河山復舊觀。逢春草木滋。

海天尊正朔；開國初周甲；春風榮草木；

新膽勵同仇。收京共枕戈。正氣耀山河。

七言

大漢聲威九萬里；一年作計由春始；
中華道統五千年。百行于人以孝先。

風景不殊春似舊；新春桃李三千樹；
光明無限日維新。華夏山河億萬年。

耕者有田皆鼓腹；繡野春風開豹霧；
春城無處不飛花。揚舲大海靖鯨波。

待旦征夫戈在枕；反攻訊息隨春到；
迎春詞客筆如椽。復國心情共歲新。

直掛雲帆濟滄海；八德四維昌國運；
不教胡馬渡陰山。千紅萬紫絢春光。

紫氣已隨元旦至；
黃圖行見九州同。

創業成功忠是本；
立身行道孝爲先。

迎春須記收京事；
得意勿忘在莒身。

萬里河山懷夏甸；
三臺花木媚春風。

國光爭共梅花發；
天意終教竹幕摧。

春送歡聲騰寶島；
天回景運復神州。

寒梅秀發香千樹；
爆竹聲催復兩京。

芝蘭自得山川秀；
松柏長留天地春。

天南日月開新運；
海上風雲起壯圖。

願借春風蘇禹甸；
好邀明月醉秦淮。

甲籙歡騰開國慶；　薄海人傾元日酒；
春雷響徹反攻聲。　開春詩詠中興篇。

八言

六合同春，三臺獻瑞；　立己立人，頂天立地；
八方響義，四海歸仁。　開春開歲，繼往開來。

文化復興，啓茲新運；　擇乎中庸，克己復禮；
陽和獻歲，還于舊都。　生於憂患，多難興邦。

仁者樂山，智者樂水；　鳳紀書元，人間改歲；
住有其屋，耕有其田。　雞聲告旦，天下皆春。

九言

花甲慶重周，天開景運；　以慧眼看人，無物不照；

卿雲歌復旦，人醉春風。　拿良心做事，隨處皆春。

收拾河山，創千秋偉業；　好社會由好家庭建立；
復興文化，開萬世太平。　新歲月是新生命開端。

十言

揮樓船以西征，一元復始；　根絕亂源，須從誠正著手；
楊漢旆於中土，萬象更新。　改良風俗，不忘勤儉持家。

天地無私，爲善自然獲福；　大陸尚沉淪，願勿忘大陸；
聖賢有教，修身可以齊家。　新年齊奮鬥，莫虛度新年。

十一言

四野謳歌，人壽年豐春似海；
三軍待命，龍吟虎嘯劍如虹。

國運其亨，六十春秋添鶴算；
天心永眷，八方風雨助龍吟。

春滿蓬萊，歡洽萬民歌大有；
國臻花甲，心香一瓣況長生。

政舉時和，春滿臺澎歌大有；
星移斗轉，曆周甲子上中興。

歲序更新，勵國人勿忘在莒；
民心思漢，看今年誓必亡秦。

春度柳營，鼓角飛揚含喜氣；
人懷漢臘，關山壯麗引歸心。

好國民，安分守法，國家至上；
眞君子，事親敬長，孝悌爲先。

十二言

辛亥革命成功，成功又逢辛亥；
今年反攻復國，復國必在今年。

民國六十年，景運喜隨春色至；
鶯花二三月，樓船定載遠人歸。

共醉百千觴，放眼重看新日月；
橫磨十萬劍，從頭收拾舊山河。

十三言

瀛海喜同春，麗日和風，永昭正朔；

河山盟帶礪，臥薪嘗膽，再造中興。

斗轉星移，祝日月重光，神州復旦；
春來冬往，看河山再造，民族中興。

繼往開來，丕煥六十年光榮歷史；
蕩瑕滌穢，重整九萬里錦繡河山。

六旬見開國鴻圖，具喜春濃春永；
萬里問故鄉梅訊，勿忘江北江南。

十四言

五千年文中優美，須告知乃孫乃子；
三萬里河山錦繡，莫忘懷若祖若宗。

新歲展雄圖，聽大地笙歌，騰歡寶島；
王師傳捷報，與中原父老，共沐春風。

除舊佈新，把胸襟敞開，把眼光放遠；
革命建國，要行動歸隊，要精神加盟。

十五言

三民主義，長照人寰，歷史寫中山世紀；
開國精神，永留天壤，今年慶花甲生辰。

歲計于春，日計在寅，乘時奮發希賢聖；
敬以植內，義以方外，正位中和養性天。

仗劍飲屠蘇，難忘故國山河，故園父老；
枕戈辭舊歲，猶夢春風塞北，春雨江南。

十六言

承堯舜禹湯文武之基，王道早宏揚世界；
當貞元否泰剝復之會，天心正眷顧中華。

有志事竟成，破釜沉舟，百二秦關終屬楚；
苦心天不負，臥薪嘗膽，三千越甲定吞吳。

神州西望，盡虺毒豹牙，何處是唐宮漢闕；
紫氣東來，遍鯤身鹿耳，此中有舜日堯天。

十七言

斗轉星移，已知曆數頻更，天上又開新甲子；
剝極復至，且看風雲際會，漢家重睹舊威儀。

開國歷六十載星霜，蒼昊祚中華，迎茲新運；

歷史綿五千年道統，威儀復盛世，還於舊都。

鼎革憶辛年，正臘盡陽回，開國紀元逢曠典；
共和周甲籙，願泰來否去，自由民主祝長春。

十八言

天聲揚大漢威靈，義幟高張，禹貢山川光故物；
鐵腕蕩神州腥穢，雄風遠播，昆陽雷雨助王師。

百業繁榮，賴經濟計劃宏圖，嘉忠四民稱富足；
三春綺旎，看政治革新著績，建邦六秩慶綿長。

挽百尺狂瀾，喚醒革命青年，共作中流新砥柱；
應三陽泰運，誓掃彌天赤燄，重光大漢舊河山。

十九言

六十年締造艱難，看寶島回春，一片韶光開景運；
千萬里河山無恙，喜王師奏凱，八方風雨會中原。

南渡衣冠拜鄭王，又椒酒迎春，日月雙懸明社稷；
中原文物遭劫火，待王師跨海，風雲再造漢江山。

開正朔於六十年前，興讓懷仁，萬姓歡騰歌化日；
望故鄉在數千里外，弔民伐罪，片帆飛渡趁春風。

旂鼓漢家威，效黃花碧血精神，丕振紀綱光史蹟；
詩書秦火劫，承白鹿紫陽規範，復興文化固邦基。

二十言以上

天祚中華，留茲海外山川，俾秣馬厲兵，充分作反攻準備；

盟堅息壤，喚醒世間兒女，務同心戮力，及身見復國成功。

推翻專制，締造共和，六十年甲子重逢，創業艱難懷國父；拯救同胞，掃除醜類，九萬里河山再造，聞風踴躍迎王師。

肇歲龍纏，正共和締造，花甲懸弧，奉觴壽頌屠蘇酒。書元鳳紀，看際會風雲，犁庭掃穴，待旦心諧爆竹聲。

以金馬作反攻跳板，以臺澎作建國藍圖，必勝必成，信念早同鋼鐵固；化血淚爲巨大洪流，化悲憤爲堅強力量，不驕不餒，精誠共挽日星迴。

六十載締造艱難，念山川故國，歷經風雨縱橫，砥柱不終移，定卜中興恢漢業；億萬眾殷勤翹待，望海嶠陽春，久已光輝煦照，樓船會東指，同回浩劫樂堯年。

四、楹聯：

省政府

無權利私心，冰霜自凜；
爲國家服務，天日可盟。

縣市政府

謀閭里百姓無疆之幸福；
立國家萬年不朽之根基。

司法機關

隨天道而變遷，布新除舊；
作人權之保障，弼教明刑。

軍事機關

寶纛高懸輝玉宇；
長城永固奠金甌。

曉日旌旗開寶帳；
春風鼓角動轅門。

教育機關

但願杞梓楩楠，咸成梁棟；
矢將春風化雨，遍灑塵寰。
教與養兼，階下芝蘭添秀氣；
育隨化布，門前桃李舞春風。

財政機關

開源節流，要在預期籌算；
量入爲出，還須先事經營。

外交機關

交鄰國有道，言忠信，行篤敬；
盡行人之職，修正帛，化干戈。

警察機關

爲政在從民所好；
宅心期與物同春。

守法奉公，克盡職責；
便民服務，整飭紀綱。

交通機關

道闢康莊，無往不利；
車同軌轍，所至皆春。

郵政機關

國中置驛交通利；
天外飛鴻頃刻來。

電信機關

消息瞬通九萬里；
往來不過一絲牽。

台灣光復節

半世淪胥，猶痛前朝謀割地；
八年雪恥，再看此日慶收京。

青年節

允文允武，報國精誠崇一念；
獻身獻力，復興任務在雙肩。

兒童節

莫謂童子何知，此日須專心向學；
畢竟後生可畏，他年尚刮目相看。

軍人節

虎帳騰歡新令節；
龍韜待復舊山河。

起舞聞雞，萬國冠裳崇義旅；
橫戈躍馬，中原父老望旌旗。

關帝廟

先武穆而亡，大宋千古，大漢千古；
後文宣而聖，山東一人，山西一人。

北平陶然亭

客醉共陶然，四面涼風吹酒醒；
人生行樂耳，百年幾日得身閒。

衡山南嶽

望望七十二峰，工部游時，詩聖有誰能繼響；
遙遙一千餘歲，文公去後，嶽雲從此不輕開。

濟南大明湖

四面荷花三面柳；
一城山色半城湖。

地佔百彎多是水；
樓無一面不當山。

武昌黃鶴樓

心遠地天寬，把酒憑欄，聽玉笛梅花此時落否；
我辭江漢去，推窗寄慨，問仙人黃鶴何日歸來。

曲阜孔廟

觀於海者難為水，道若江河，隨地可成洙泗；
譬猶天之不可階，聖如日月，普天皆有春秋。

氣備四時，與天地日月鬼神合其德；
教垂萬世，繼堯舜禹湯文武作之師。

台北新公園大木亭

騎鯨海上憶英風，重看一旅中興，更無缺憾留天地；
焚服世間傳偉業，願種十圍大木，長有奇材作棟梁。

臺南延平王祠

由秀才封王，拄撐半壁舊山河，為天下讀書人頓生顏色；
驅外夷出境，開闢千秋新世界，願中國有志者再鼓雄風。

揚州梅花嶺史可法墓祠

風雪江天，弔古賸一輪明月；
衣冠丘隴，招魂有萬古梅花。

衡陽雁峰寺

大夢忽聞鐘，任他煙雨迷離，人都醒眼；
浮生眞遇雁，盼到雪花亂墮，我亦回頭。

臺灣左營春秋閣岳王廟

報國精忠，三字獄冤千古白；
以身作則，一篇詞著滿江紅。

西湖月老祠

願天下有情人，都能成眷屬；
是前生注定事，莫錯遇姻緣。

南陽臥龍岡武侯祠

巾扇任逍遙，試看抱膝長吟，高臥尚留名士跡；
井廬空眷戀，可惜鞠躬盡瘁，歸耕未遂老臣心。

西湖花神廟

紫紫紅紅，處處鶯鶯燕燕；
朝朝暮暮，年年雨雨風風。

第三章 題詞

第一節 概說

人類生活愈進步，人際關係愈繁多，而題詞之應用範圍亦愈廣闊矣。益以際茲政治民主、經濟自由之社會環境中，朝野上下人士，率皆勞擾於公私事務之策進，故對一般應酬文字，已漸漸趨向於化繁爲簡。諸如婚嫁、壽誕、新居落成、商店開業、公職當選、喪事哀悼等，大都以題詞爲酬應。關於題詞之字數，通常以四言單句居多，而四言兩句、四言四句、或四言八句以上者，亦間或有之。至於題詞之遣詞用字，首須認清對象。題詞之對象，大體不外人與事，如果對象是人，則須辨明對方之性別、年齡、身分等。假如對象是事，則須辨明事之類別，如農工商學等。然後再衡酌彼此間之身分、地位與關係，暨事之本質意義，與社會價值，以切人切事之語詞，作妥貼適當之表達。其次，題詞應注意平仄諧協。對於平仄之配置，最好按照「平開仄合」、「仄起平收」之原則，方爲上乘。例如賀人新廈落成之「美輪美奐」、賀議員當選之「讜言偉論」，其第二字是平聲，第四字則爲仄聲，此謂「平開仄合。」例如祝人壽誕之「壽比南山」，賀人新婚之「珠璧聯輝」，其第二字是仄聲，第四字則爲平聲，此謂「仄起平收。」唯其如是，始能音調鏗鏘，清越有致。又題詞學問，雖屬小道，然措辭稍有不當，則貽笑大方。如某老先生過世，有人題輓幛曰「駕返瑤池」。某殺人要犯被處死後，竟有人題輓幛曰「痛失英才」。似此嚴重之謬誤，非但當場遭人譏議，且將永遠傳爲笑柄，尤不可不愼也。

第二節　題詞之作法

題詞應用範圍，綦爲廣泛。第每因對象或習尚之不同，其文體亦多所變易。大體言之，婚嫁喜幛、喪祭輓幛、事業開幕、公職當選等題詞，以四言單句爲最流行。他如頌詞、賀詞、祝壽詞等，則以四言二句、四言四句、四言八句、或八句以上之詞語居多。且猶有在詞文前面冠一序言之體例。更間有以駢文或散文爲之者。文術多門，塗轍不一。茲將各類文體之作法，及有關注意事項，分別說明如左：

一、**四言單句題詞**：此類題詞，因文字少，字體大，最易惹人注目，應力求辭意貼切，音律諧協。又題詞之款式，分由右而左之橫寫，與由上而下之豎寫兩種。前者適用於位望尊隆之政要耆宿，後者適用於一般親朋好友。因事關禮儀差等，以謹守分際爲宜。

二、**四言二句題詞**：除應注意辭意貼切外，爲期音律諧協，第一句末一字，應用仄字。第二句末一字，應用平字。如兩句之音律，均能顧到平開仄合、仄起平收之原則，當更爲善美。

三、**四言四句題詞**：此類題詞，通常以平聲韻語爲之。即第二句、第四句之末一字，均押平韻。

四、**四言八句題詞**：此類題詞，因句數不多，其二、四、六、八句之末一字，通常均押平韻，且以一韻到底爲佳。

五、**四言八句以上題詞**：此類題詞，因句數過多，在處理押韻時，可轉韻，亦可不轉韻。惟於轉韻時，最好一事一韻。例如言求學過程用一韻，言服務經歷可轉用另一韻。至於轉押平韻，或轉押仄韻，可隨心所欲，固無嚴格之限制。

六、**冠序題詞**：此類文體，謂在詞文前面，先綴言申義，敷陳辭旨，意在使人預能瞭然題詞之指趣也。

七、**散文題詞**：散體文較淺近易懂，且多以特定人或特定事爲適用對象。蓋以不假此類文體，甚難將人之事功德行，或事之社會價值，明晰表達於盡然也。

此外，應補充説明者，即句數較多之四言韻語題詞，如偶句押平韻時，其奇句之末一字，應爲仄聲。反之，如偶句押仄韻時，其奇句之末一字，應爲平聲。此一原則，固不必盡拘，然爲使人讀來能倍覺文音清婉，口吻調利，則不可不注意及之。次爲題詞之體式，類型猥多，不一而足。諸如著作出版、冊簡弁言、節慶紀念、事業經始等題詞，其字數、句數，以及文字之結構形式，大多自出心裁，隨意撰寫。凡此文體，雖謂變體，然亦皆約定俗成，演爲習尚矣。特併附益説明。

第三節　題詞實例

一、四言單句詞

(一)新婚通用

五世其昌　天作之合　珠璧聯輝　鸞鳳和鳴　百年好合　天錫良緣　鐘鼓樂之

美滿姻緣　琴瑟友之　良緣天成　珠聯璧合　花開並蒂　愛情永固　永浴愛河

鳳凰于飛　福祿鴛鴦　花好月圓　才子佳人　心心相印　詩詠好逑　如鼓瑟琴

鴻案相莊　相敬如賓　鳳翥龍翔　鳳侶鸞儔　佳偶天成　詩詠關雎　永結同心
詩題紅葉　唱隨偕老

㈡嫁女通用

詩題紅葉　跨鳳乘龍　祥徵鳳律　燕燕于飛　雀屏妙選　于歸吁吉　宜其室家
百兩御之　鳳卜諧昌　摽梅迨吉

㈢男壽通用

天錫遐齡　椿庭日永　松柏長春　南極星輝　封人三祝　嵩生嶽降　南山獻頌
福壽康寧　海屋添籌　壽並河山　庚星永耀　松鶴延齡　松喬遐齡　極耀中天
壽考維祺　慶衍桑弧　壽人壽世　社結香山　頌獻九如　壽徵大德　詩歌天保
齒德俱尊　大德大年　壽比南山　義方垂範　日昇月恆　箕疇五福　天錫難老
桑弧耀彩　圖開福壽　俾壽而康　富貴壽考　瑞藹懸弧　頌祝岡陵　日麗中天
惟仁者壽　靈椿不老　大德延年　東海延釐　多福多壽

㈣女壽通用

萱堂日永　婺星煥彩　璇閣長春　寶帨生輝　慈竹長青　春滿瑤池　萱榮婺煥
綵帨延齡　慈雲集祜　天護慈萱　婺煥中天　慶溢北堂　蓬萊春滿　天姥峰高

瑞凝萱堂　懿德延年　堂北萱榮　花燦金萱　春濃萱閣　果獻蟠桃　璇閣日暖
瑤島春深　春滿北堂　婺宿騰輝　慈竹風和　壽徵坤德　祥呈桃實　瑤池春永
錦帨呈祥　瑤池益算　愛日方長　祥開設帨　婣星煥彩　蟠桃獻壽　金母春永

(五)雙壽通用

極婺聯輝　椿榮萱茂　酒介齊眉　慶溢鴻案　鶴算同添　鹿車共輓　弧帨增華
極婣並耀　神仙眷屬　星月爭輝　人月同圓　百年偕老　福壽雙全　椿萱並茂
福壽仙儔　壽並岡陵　仙眷長春　銀漢雙輝　金石同堅　福祿鴛鴦　鴻案齊眉
天上雙星　鳳簫合奏　日月齊輝　弧帨同懸

(六)男喪通用

老成凋謝　南極星沉　大雅云亡　典型宛在　哲人其萎　典範永式　德範永垂
碩德永昭　道範長存　福壽全歸　駕返道山　痛失耆賢　音容宛在　風猷垂範
德望長昭　碩德堪欽　歸眞返璞　明德流徽　露冷椿庭　桑梓流光　一朝千古
泰山其頹　羽化登仙　高風安仰　棟折榱崩　蓬島雲迷　庚星匿彩　北斗星沉
風摧椿萎　閬苑歸眞

(七)女喪通用

女宗安仰　慈竹風淒　萱幃月冷　駕返瑤池　孟母風高　鍾郝儀型　彤管揚芬
懿德堪欽　寶婺星沉　璇閨風寒　鸞軿遽渺　慈顏空仰　淑德永昭　閫範長存
坤儀宛在　蔭欽北堂　巾幗稱賢　慈雲縹緲　婺彩沉輝　彤管流芳　母儀足式
懿德長昭　賢同歐母　萱蔭長留　徽音頓渺

(八)商店開業

大展經綸　駿業日新　陶朱媲美　商賈雲集　信義昭著　鴻猷丕煥　運籌有道
懋遷吁吉　端木遺風　近悅遠來　本固枝榮　大業千春　源遠流長　基業宏開
利用厚生

二、四言二句詞

賀公職當選

爲民喉舌，桑梓福音。　允孚眾望，馬到成功。
廣伸民意，造福地方。　輿情洽熙，民主楷模。

賀律師開業

伸張正義，維護人權。　自由屏障，法治津梁。

三、四言四句詞

兵役節

有事則兵，無事則民，美哉古制，重建于今。（戴高翔）

文武合一，寓兵於民，良法美制，歷久常新。（黃思厚）

植樹節

十年樹木，綠蔭縱橫，棟家幹國，利用厚生。（黃朝琴）

四、四言八句詞

賀政界大老壽誕

其一

革命先進，勳業名揚。宣勤上國，式立紀綱。大年碩德，逢吉康強。岡陵獻頌，眉壽無疆。

其二

同盟先進，遺大投艱。風霜久任，立懦廉頑。耆年碩德，鶴髮童顏。

宏開壽域，頌晉南山。

其三

岐嶷天縱，俊哲維明。廟堂參贊，疆寄頻膺。勳華炳耀，徽譽崢嶸。桃觴介壽，永享遐齡。

五、四言八句以上題詞

司法節

王寵惠

八年抗戰。制敵機先。廢除苛約。丕振法權。大經斯立。國運昌綿。偲偲切切。窮討精研。懿維令節。繼往邁前。艱難此日。益矢冰堅。

總統 蔣公華誕頌詞

雲雷屯蒙　利見大人　天亶睿哲　曠古無倫　革命未完　膺此大任　北伐驅除
戎衣一定　八年禦侮　我武維揚　強梁泥首　凱歌受降　萑蒲弄兵　陰恃外力
梟獍橫行　毒痛宗國　抗俄反共　公率其先　顚沛不移　負重任艱　振我天綱
立我民極　戡亂以仁　滅此朝食　台員砥柱　自由光芒　明明在上　眾志激昂
改造革新　生聚教訓　整軍經武　枕戈思奮　得道多助　朋來如雲　爲世除暴

正義必伸　偉哉聖德　始於誠正　先聖後聖　立心立命　光華復旦　莊敬自強
嵩呼獻頌　國運同康

銘傳商專十九周年校慶賀詞

沈兼士

銘專創校，十有九年，經傳絳帳，媲美前賢。擴展經濟，商業精研，學以致用，提高女權。敦品勵行，四德俱全，菁莪棫樸，桃李萬千。英才獎育，爭著先鞭，篳路藍縷，福不唐捐。校譽鵲起，遐邇爭傳，茲逢校慶，敬獻寸箋。

六、冠序頌詞（駢體序）

(一)先總統　蔣公五屆連任頌詞

曾霽虹

建國六十一年五月廿日欣逢
蔣公連任總統就職榮典。河山帶礪。渙汗揚大漢之聲。日月光華。糾縵示卿雲之瑞。操天戈而九伐。左海波澄。垂星象于五聯。北辰眾拱。謹獻頌曰：

惟我
總統。神聖文武。澤浹兆靈。勛昭寰宇。尼山中山。承謨纘緒。天亶聰明。早作霖雨。

微禹其魚。銘徵岣嶁。戎衣北定。謳歌率土。靖難攘夷。曰固吾圉。萬國車書。兩階干羽。盛會塗山。我爲盟主。張皇國威。邁乎邃古。潢池盜弄。縱橫狐鼠。舉世滔滔。中流一柱。知幾其神。視周累黍。淵猷默運。明如列炬。莊敬日彊。孰予敢侮。仁義爲檣。忠愛爲櫓。巨筏濟川。莫之能禦。元首聯膺。人歸天與。瑞應丹書。榮瞻華黼。天地合德。應數爲五。廿年聚訓。桓桓貔虎。六師伐罪。堂堂旂鼓。衆志成城。餘勇可賈。誓效前驅。凱歌率舞。業纂興周。功成在莒。惟我

總統。神聖文武。

(二)王雲五先生九十華誕頌詞

張仁青

中華民國六十六年夏正丁巳六月初一日爲總統府資政、中山學術文化基金董事會主任委員 王公岫廬九旬嵩慶。南國風薰。東溟浪靜。積慶溢於華堂。餘榮洽乎黎獻。同人等久親謦欬。夙仰儀型。爰稱介壽之觴。以迓興邦之瑞。頌曰。

珠江浩浩。粵秀峨峨。河嶽炳靈。篤生大家。名賢作哲。翼扶中華。滄海橫流。乃制頹波。 其一

公以偉質。崛起香山。少蘊奇志。鶚翥鵬颺。學術淹貫。蔚爲國光。長民輔世。每飯不忘。 其二

仕以學優。霞光飛粲。挺曜含章。樞機參贊。訏謨丕顯。勛猷炳煥。元弼推心。邦國楨幹。　其三

朅來海嶠。繼以忠貞。如山如磐。主義是行。綢繆生聚。鼓吹中興。　歷臺閣。華蓋蓬瀛。　其四

坐擁皋比。倏逾半紀。咳唾皆珠。散霞成綺。三臺群英。多入籠底。博士之父。信非溢美。　其五

中山遺教。學術爲先。乃設基金。薪火相傳。夙夜宣勤。一十二年。弘揚文化。力挽狂瀾。　其六

中原板蕩。樂崩禮壞。貞下起元。耆英是賴。唯公逸德。搢紳著蔡。商山四老。皤溪一瑞。　其七

欣逢大慶。海屋添籌。南極騰輝。歡動九流。周詩曼頌。韻繞層樓。受天純嘏。與國同麻。　其八

(三)何應欽將軍九秩華誕頌詞

張仁青

天開鴻業。必生英傑之雄。斗耀奇光。宜邁期頤之壽。民國六十八年三月十一日即夏正二月十三日。爲今總統府戰略顧問、中山學術文化基金董事會兼技術發明委員會召集人

何上將軍敬之九旬嶽降良辰。威弧麗日。玉杖延齡。爰賡天保之歌。用代麥丘之頌。禮也。公誕自德門。熙承奕葉。佩觿而昭時譽。垂韘而表英華。睹滄海之橫流。哀民生之日瘁。乃毅然拜辭故里。飛渡扶桑。先後入振武學校暨士官學校。鄧仲華之偉略。半由天生。班定遠之英姿。獨與衆異。逮卒所業。輒著其鞭。從此玉壘棲遲。金柝驚夢。犯兵塵而驥展。奮劍氣以鷹揚。自護法以至抗戰。無不躬擐甲胄。矢效精忠。故得舞干羽以昭蘇。賦彤弓而飲至。茫茫華夏。再揚舜日之光。惵惵黎元。重睹漢官之盛。斯則天祚中華。挺生邦傑。有以致之。凡此赫赫之勳。雖村童野叟。皆語焉能詳。固無待喋喋者矣。雲五等或叨陪末席。夙接光儀、或久託同寅。齊司邦憲。值國步之多艱。尤耆英之利賴。繼今而往。其爲商山之四哲。句曲之一叟乎。蓬島春暖。華堂人健。遐齡壽世。恭晉王母之瑤觴。明歲還鄉。更祝中邦之大老。乃獻頌曰。

黃草壩上。點將臺邊。山川鍾秀。代出名賢。命世作霖。挽瀾障川。時窮節見。丹素斯傳。　其一

於赫何公。天挺明哲。惟嶽降神。姿表瓌傑。邦命維新。奮揚芳烈。文經武緯。中外振鑠。　其二

弱歲岐嶷。志切澄清。蒿日時艱。遠涉東瀛。術窮韜略。胸蘊甲兵。獻身革命。矢勵丹

精。　其三

清社既屋。賊氛煽熾。護法情殷。乃張義幟。挫銳摧堅。將才初試。敵膽爲寒。柱石是寄。　其四

父安六合。建軍攸賴。翊弼元戎。風雲際會。黃埔宣勤。誓剪民害。國士濟濟。氣凌岱泰。　其五

旌旆北指。綏靖多方。棉湖躍馬。殲彼強梁。龍潭揮戈。宇內一匡。金湯深固。我武維揚。　其六

聖戰初開。邦家遘難。廊廟迴翔。機衡參贊。籌運幄中。檄馳疆畔。鋒鏑所曁。倭奴縮竄。　其七

桓桓王師。活虎騰龍。海鯨既掣。終復堯封。萬國仰瞻。受降雄風。大漢天聲。永震亞東。　其八

九州告靖。滄海揚塵。臨危受命。爰秉國鈞。燮理陰陽。康濟兆民。丕顯訏謨。絢煥經綸。　其九

越居圓嶠。囊智彌增。綢繆生聚。鼓吹中興。元首股肱。大海明燈。德隆輔世。遐邇交稱。　其十

技術發明。中山所重。仰稟遺教。愼選邦棟。杞梓靡遺。人力咸用。功參化育。澤被士眾。其十一

欣逢佳慶。冠蓋騰歡。菊香晚節。松勁歲寒。天賜難老。人拜將壇。百鍊金身。山河等安。其十二

七、散文

(一)總統 蔣公華誕頌詞

嚴家淦

崧高嶽降，景福天申，日升月恆，重光運啓。今日恭逢 總統蔣公八秩晉四華誕之辰，六合騰歡，群倫忭舞。蓋天錫純嘏，同瞻駿德之彌新，氣協初陽，更喜乾元之行健也。

總統德懋天地，功在國家，自受 國父託付而還，完成無數次艱鉅之任務。始則領導北伐，統一中華，繼則領導抗戰，完成勝利，此我國現代革命史上之兩大階段也，至其他嘉謨偉烈，皆歷歷在國人耳目，固無庸家淦一一縷陳也。

當此共匪禍亂中國危及世界和平秩序之時， 總統猶復不辭勞悴，領導全民，建設臺灣爲三民主義模範省，奠定復國建國之基礎，不獨使國人能享受安和樂利之福祉，從

而使舉世之人咸知數千年來中華文化精神之所在，赫然皎然，如涇渭薰蕕之可辨。

國父得堯、舜、禹、湯、文、武、周、孔聖聖之心傳，總統又得之於 國父，是領導吾人之所持，一出於我中華傳統文化核心之仁愛精神，既以救國救民爲己任，亦不忍見世界人類遭受邪惡之欺害。如此崇高偉大之人格，非但爲我中華民族之救星，實亦世界人類之燈塔。

總統在今年雙十國慶日指示吾人：「發揮一貫的誠摯純潔的革命精神，造成文化復興的再推進，經濟繁榮的再創造，政治革新的再擴大，軍事建設的再進步，討毛反共行動的再開展，來導發、來完成我們復國建國的神聖大業，使中國重新進步，世界亦隨得和平。」家淦願在今日萬眾騰歡舉國祝壽之餘，謹述前言，敬告國人，凡我炎黃子孫，無不應對中華歷史文化盡其責任，以維護我數千年來國家民族之榮譽。抑且本乎先聖明德日新之精義，恪遵 總統秉持「誠摯純潔精神」之指示，人人發揮己所固有知能之潛力，匯成自強不息之巨流，滋溉於國家，蕩滌其瑕穢，「使中國重新進步，世界亦隨得和平」，則吾人所以壽國者在此，所以壽 總統者亦在此。

(二)民報發刊詞

孫文

近時雜誌之作者亦夥矣，姱詞以爲美，囂聽而無所終，摘埴索塗，不獲則反覆其詞而自惑。求其斟時弊以立言，如古人所謂對症發藥者，已不可見；而況夫孤懷宏識，遠矚將來者乎？夫繕群之道，與群俱進，而擇別取舍，惟其最宜。此群之歷史既與彼群殊，則所以掖而進之之階級，不無先後進止之別。由之不貳，此所以爲輿論之母也。

予維歐美之進化，凡以三大主義：曰民族，曰民權，曰民生。羅馬之亡，民族主義興，而歐美各國以獨立。洎自帝其國，威行專制，在下者不堪其苦，則民權主義起。十八世紀之末，十九世紀之初，專制仆而立憲政體殖焉。世界開化，人智益蒸，物質發舒，百年銳於千載。經濟問題，繼政治問題之後，則民生主義躍躍然動；二十世紀不得不爲民生主義之擅場時代也。是三大主義皆基本於民，遞嬗變易，而歐美之人種胥治化焉。其他施維於小己大群之間，而成爲故說者，皆此三者之充滿發揮而旁及者耳。

今者中國以千年專制之毒而不解，異種殘之，外邦逼之，民族主義，民權主義，殆不可以須臾緩。而民生主義歐美所慮積重難返者，中國獨受病未深而去之易。是故或於人爲既往之陳跡，或於我爲方來之大患，要爲繕吾群所有事，則不可不並時而弛張之。

嗟夫！所陟卑者，其所視不遠；遊五都之市，見美服而求之，忘其身之未稱也，又但以當前者爲至美。近時志士，舌敝脣枯，惟企強中國以比歐美。然而歐美強矣，其民實困。觀大同罷工與無政府黨、社會黨之日熾，社會革命其將不遠。吾國縱能媲跡！歐美，猶不能免於第二次之革命；而況追逐於人已然之末軌者之終無成耶？夫歐美社會之禍，伏之數十年，及今而後發見之，又不使之遽去。吾國治民生主義者發達最先，睹其禍害於未萌，誠可舉政治革命、社會革命，畢其功於一役，還視歐美，彼且瞠乎後也。

翳我祖國，以最大之民族，聰明強力，超絕等倫，而沈夢不起，萬事墮壞；幸為風潮所激，醒其渴睡。旦夕之間，奮發振強，勵精不已，則事半功倍，良非誇嫚。惟夫一群之中，有少數最良之心理，能策其群而進之，使最宜之治法，適應於吾群，吾群之進步，適應於世界，此先知先覺之天職，而吾民報所為作也。抑非常革新之學說，其理想輸灌於人心，而化為常識，則其去實行也近，吾於民報之出世覘之。

中國同盟會於民前七年成立後，隨即於同年十月間在東京新小川町，正式出版民報。司筆政者，先後有胡漢民、陳天華、汪兆銘、朱大符、章炳麟、汪東、湯增璧、宋教仁等。該報旨在發揚三民主義精神，建立革命輿論中心。亦為異日推翻滿清專制，肇建民主共和國體之嚆矢。本篇為　國父在民報出版時所撰之發刊賀詞。

第四章 祭文

第一節 概說

祭文之文體，考諸歷代文集，約有三類。一曰騷體：此體源於楚屈原離騷。如韓愈祭田橫墓文、袁枚祭程元衡文。二曰駢體：此體始於六朝。如謝惠連祭古冢文、顏延之祭屈原文、王僧達祭顏光祿文、劉令嫺祭夫徐敬業文。三曰散體：此體不專用對偶，亦不用韻，純以氣勢行文。如韓愈祭十二郎文、歐陽修祭石曼卿文、王安石祭歐陽文忠公文、蘇軾祭歐陽文忠公文、袁枚祭妹文、蔡元培祭黃夫人文。凡此體式之祭文，類皆文字冗長。近今朝野所普遍應用之祭文，通常僅有公祭文、家祭文兩種，且多於舉行喪禮時由司儀當場朗誦宣讀，以表哀悼。由於喪禮時間極爲緊湊，故祭文之篇章，均較簡短，且大都以四言句爲之。四言句必須押韻，如句數較多者，亦可轉韻。其句數較少者，則以一韻到底爲宜。至於祭文之造意謀篇，公祭文應莊重典雅，筆致凝鍊遒勁，用韻自然。

對於功業德行、氣節操履之記述，則應衡酌身分、地位與關係，不卑不亢，不諛不媚，作適度之推崇。家祭文則以表達親情至性、人倫哀傷爲主，綴語務求質樸無華，眞情流露。蓋以至親無文，文愈不雕飾，則愈能顯現生離死別之哀痛也。

第二節　祭文之作法

祭文，旨在發抒哀悼與追思之悃誠。默察古今禮俗，約有家祭文、公祭文、追祭文三種。茲分別將製作要點，簡述如后：

一、**家祭文**：此乃專爲祭悼親屬之用。其命意謀篇，以敘述骨肉親情爲主，以表達生離死別之哀痛爲重。文貴質樸無華，切勿馳鶩深奧。至於文字之體製，或用四言韻語，或用長句騷體，則無何限制。四言韻語之作法，在第三章第二節「題詞作法」中，已有述及，可如法處理。關於騷體文之體製，要爲句式長短不拘，音律變化自由，既兼具散文之靈活性，復蘊蓄詩歌之韻律感。且因篇章中多有「兮」字之運用，更能使辭意纏綿悱惻，哀咽動人。清姚鼐云：「哀祭文，楚人之辭至工。」洵不虛也。

二、**公祭文**：爲機關團體公祭之用。操觚以發抒惻愴哀傷、兼讚言行爲得體。至於文字篇幅之長短，則應以公祭時間及情誼關係爲考量。要以修短適中，情見乎辭，斯爲至善。關於文字之體製，通常以四言韻語居多。長句騷體次之。駢體、散體較少。

三、追祭文：此類文字，大都爲死者之親屬故舊，在喪葬之後，爲表達誠敬恭哀之至情，特就死者生前之立身行己、事功德行，作翔實切要之追述，旨在垂之久遠，流徽奕世。又撰寫追祭文，最好用單行散文之語，不雜駢儷之詞。蓋以散文敘事顯明，述情曉暢，而駢文則每以經傳典實，陶冶成句，且徵人驗事，動輒取譬引類，體植必雙，極易流於辭華而實靡也。

第三節　祭文實例

一、家祭文：

祭祖父文

維

中華民國某年歲次某某某月某日，孫某某謹以清酒庶羞，致祭於

先祖考某某太府君之靈曰：嗚呼！我祖之德，貽謀無疆；我祖之恩，未報毫芒。方期撫

我，百歲稱觴；胡天不弔，遽爾云亡。哀哀孫子，號泣彷徨；爰陳牲禮，奠獻於堂。惟冀祖靈，鑒此椒漿；是歆是享，來格來嘗。嗚呼哀哉！尚饗。

祭祖母文

維

中華民國某年歲次某某月某日，孫某某謹以清酒庶羞，致祭於

先祖妣某太夫人之靈曰：嗚呼！祖母深恩，撫我孫枝，時而達睞，欣喜盈眉；時而曳杖，先後追隨。朝夕相依，瞬息難離；胡爲一旦，舍我如遺！望之不見，無復含飴；聽之不聞，徒抱淒悲！莫表孝虔，牲禮爲儀；奠祭於堂，鑒格是祈。嗚呼哀哉！伏維尚饗。

祭父母文

維

中華民國某年歲次某某某月某日，子某某等謹以清酒庶羞，致祭於

先考某某府君（先妣某太夫人）之靈曰：嗚呼！父賦性（母懿德）兮，孝友德全（淑慎慈賢）；生我育我兮，訓誨淵源。我期父（母）壽兮，億萬斯年；胡爲一疾兮，館（寢）舍

遽捐？使我兒輩兮，腸斷流連！呼天擗踴兮，風木淒然！音容何適兮，杳隔黃泉；四顧彷徨兮，如狂如顛！撫膺呼號兮，欲見無緣；幽明永訣兮，窀穸寒煙。猿驚鶴唳兮，衰草芊芊；天長地久兮，抱恨綿綿！父（母）其有靈兮，鑒此清筵。嗚呼哀哉！尚饗。

祭夫文

維

中華民國某年歲次某年某月某日，妻某氏謹以清酌庶羞，致祭於

先夫某某君之靈曰：嗚呼我夫，百年作合，白骨相依，猶嫌短促，胡為中途，遽爾疾作，比翼分飛，同林寂寞，妻室誰依？兒女孰託？欲見無緣，形單影各！君之何鄉？神歸冥漠，告奠於堂，曷禁悲愴。嗚呼哀哉！尚饗。

祭妻文

維

中華民國某年歲次某年某月某日，夫某某特以時羞之奠，謹告於

先室某夫人之靈曰：嗚呼我妻，毓自名門，及歸於我，相敬如賓，宜家宜室，百爾肇興，既

生既育，萬事足成，豈期一疾，魄散魂傾，幽明間隔，訣別死生！金石可朽，此心不泯，聊陳一酌，靈其鑒歆！哀哉尚饗。

陳副總統家屬祭文

維

中華民國五十四年三月十日未亡人譚詳率男履安、履慶、履潔、女幸、平等謹以香花之儀敬祭於辭修府君之靈前曰：惟公之生；賦性清剛，許身黨國，早入戎行。鼓角風雷，雄姿英發，蕩寇宣威，屢持節鉞。公方壯歲，記我來歸，綢繆永結，愛敬無違。歷三十年，至今無改，厚義深情，如山如海。平生報國，難臨忘身，承顏養志，篤孝於親。事上以忠，待人必敬，其明與廉，惟誠與正。自來臺地，歷踐鈞衡，勸農均地，無怨無爭。治績所傳，喧騰萬口，惠及工商，民德歸厚。憂勤惕厲，無日或寧，形神俱瘁，遂促修齡。眷念諸兒，冀其毋忝，勵志承先，尚知奮勉。哀哀在疚，攀摹何從，桓禽淒戀，永慟無窮。公正彌留，我居病榻，顧影淒清，風煎淚蠟。中原未復，公去何方，傷心獨活，涕泣千行。默獻香花，仍調薑橘，舉案之情，何殊疇昔。正衾啓足，再見莫憑。英靈長在，默佑中興。嗚呼哀哉，尚饗！

二、公祭文：

通用男喪祭文（騷體）

維

中華民國某某年某月某日，某等謹以清酒庶羞，致祭於

某某先生之靈曰：嗚呼！松在岡而擢秀兮，蘭在幽而葆眞；忽焉其摧折兮，共悼失乎典型。矧忝知交之末兮，能不心惻而涕零！維我

先生之碩德兮，實盛世之鳳麟；樹聲望於遐邇兮，爲社會所式矜。羨象賢之踵武兮，何振振而繩繩！洵無德之不備兮，亦何福之不承。詎遐慶之方來兮，忽賦鵬而騎鯨；歎哲人之亡兮，胡昊天之不仁！感百年之有盡兮，不禁一往其情深；聊絜酒以陳詞兮，難罄述乎哀忱！尚饗。

通用女喪祭文（駢體）

維

中華民國某某年某月某日，某等謹以清酒庶羞，致祭於

某母某太夫人之靈曰：嗚呼！瓊樓月缺，塵埋寶婺之光；瑤闕雲寒，彩失祥鸞之影！女宗凋謝，豈同泉下風摧？閫範云亡，迥異閨中秀絕。聽落葉於秋林，娥臺頓戚；嘆斷旌於夜月，蟲壁增悲！恭維

某夫人，生而婉娩，幼擅才華，溫恭出自性成，言笑不苟；淑愼由乎天授，禮度無愆。及歸某君也，雞鳴戒旦，群仰德耀之賢；鴻案相莊，直媲少君之美。蘋蘩不匱，竭內職以無慚；甘旨常供，凜躬承而彌謹。至若母訓維嚴，不懈和丸畫荻；主恩優渥，欣著玉樹凌霄。卻同鳥託枝棲，喜得紅綃房侍。珍生合浦，擎來照乘之光；蘭滿瑤階，芳挹蕙畦之露。歌遺彤管，誦詠風詩。奈何南國之母儀方仰，而西池之仙使遽邀，遂使閨閣含酸，閫幃增咽！特念某君失茲良友，能無對月低眉？懷此哲人，因而臨風挹淚！遺衣掛壁，剩線留囊，苟奉倩之傷神，良有以也，劉子眞之履杖，安能已哉！然而炊臼雖杳，內則已型於今古；鏡奩忽暗，芳徽永載夫篇章。逝者如在，亡也猶存。當思達形氣於本無，莫致捐神情夫過戚。某等叨附絲蘿，景懷法式，痛母儀之莫覯，悼坤德之忽淪，望仙車之縹渺，迷蓬島之雲深！渺渺徽音，愴朔風之晝冥；沈沈素幌，悲長夜之無明。惟日誦敬姜之訓誡，時遵樊母之儀型，具菲筵以奉獻，同芻蕘之趨誠。述懿行於萬一，撰俚語以陳情。雲軿下駕，鑒此徽忱；祈靈勿吐，來格來歆。尚饗！

通用政界祭文（駢體）

維

中華民國某某年某月某日，某等謹以清酒庶羞，致祭於

某君某某先生之靈曰：嗚呼！太傅云亡，羊子抱西州之慟；中郎既逝，虎賁興北海之思。當代失一廉吏，庶民含萬行淚，有不嘆茂績之徒存，思保釐而無望者耶？維我

先生，世之所仰，民具爾瞻。匣貯流泉，照一輪之明月；筆飛墨露，繡百道之晴霞。懷冰玉以盟心，千秋風峻；煥經綸於指掌，四海波恬。盛德在人，高風絕俗。光似露天秋水，何妨露頂褰帷；德垂翠岫春雲，時見垂紳曳履。普濡惠澤，登樂業於春臺；遐邕休聲，聽嘔歌於野巷。方感二天有戴，詎意一曜歸垣？士氣淒其，莫慰瞻雲之望；山光慘淡，同悲馭日之辰。膏雨猶滋，仁風安仰？從此素琴常寂，疇談禮樂三千？寶帳空懸，孰奠河川百工？嗚呼！典型凋謝，楷模淪亡，同江淮之絕涸，豈云客夢何憑？實棟梁之傾頹，敢歎人生如寄！所幸前徽不遠，後起能賢，玉樹瓊林，不啻梁公有後；蘭芽桂茁，惟憑于氏高門此蓋德全者其名不朽，澤深焉而嗣必昌也。某等叨承蔭庇，辱在帡幪。夔桐感遇，何時報知己於生前？結草銜恩，此日哭高風於地下。華表繞寒雲之色，盼丁鶴之歸來；長江逝遠水之波，悵李鯨之仙去。聊潔溪毛之薦，爰陳蒿里之詞，用棒一卮，敬

仲三獻。嗚呼哀哉！尚饗。

通用軍界祭文（駢體）

維

中華民國某年某月某日，某某等謹以清酒庶羞，奠告於

某官某某將軍之靈曰：嗚呼！星隕上台，慘冷雲而無色；風頹梁木，零苦雨以生寒。捲牙纛之旗，頓爾流連春露，掩轅門之節，不勝淒愴秋霜。則是山覆嶽嵩，士庶顧而失色；光沉斗宿，寰區聞而啣悲焉。維我

將軍，等世英才，匡時碩望，擁貔貅而示武，疆場資鎮撫之功；列鵝鸛以成軍，壁壘壯森嚴之氣。或圖維於先事，雞犬銷聲；或規畫於臨時，虎狼匿跡，允矣烽煙盡息，條風與碧漢同清；快哉刁斗無譁，夜月並澄江齊映。乘機權而獨運，專閫論勳；肅號令以前驅，頑民嚮化。賴茲方略，仗作屏坦，協此機宜，奠彼蒼赤。詎意大星隊壘，軍民慟諸葛而啣哀；赤慧穿營，朝野失令公而動魄。烏笳夜警，淒淒肅千里風聲；虎帳霜懸，寂寂冷九霄月色！叔子之碑空矻，傳說之箕遽騎，嗟何堪也，慟孰甚焉！所幸遺徽不沒，鐘鼎鐫銘；盛績長傳，旂常生色。史臣載筆，炳乎竹帛之光；父老懷思，卓爾山河之業。則

是人雖往而功不朽，時雖易而名不泯者也。某某等氣挾怒蛙，文慚祭獺，辱隸栟幪之下，幸叨覆庇之私，何堪驟失瞻依，靡不同深悲愕！鶴遊遼海，歸華表其何年？鳳去長林，度層雲而無日。嗟乎上天不遺元老，賦誄興悲；傷哉下界忽萎哲人，摛詞抒感。敢陳蕪句，用佐清酤。尚饗。

通用學界祭文（駢體）

維

中華民國某年某月某日，某某等謹以清酒庶羞，祭告於

某公某某先生之靈曰：嗚呼！芒寒斗宿，悲風捲巖壑之煙；光掩少徽，宿霧暗雲霞之彩。悵玉樓之縹緲，赴召無端；夢丹旐之飄零，招魂何處？箕星夜墜，石曼卿主容城；鵬鳥宵臨，王子晉歸緱嶺。藏丹亡壑，漆吏興悲；撫琴絕絃，子猷抱慟，維我

先生，文壇泰斗，學界師宗，孝友根於性成，內外無間；聰明由乎天授，經史精通。氣度汪涵，愛如霽月；儀容沖藹，坐到春風。擬令德於太邱，鄉閭領袖；識名師於明道，後進模型。幼學所以壯行，經術皆匡時之具；讀書於焉致用，文章即華國之才。爾乃甘淡儒修，不慕榮利，溥鱣堂之化雨，小草皆春；延馬帳之和風，庸材亦植。悔尤胥泯，

寵辱無驚。方謂德以徵年，享大耋期頤之歲，詎意天猶憎命，慘楚些斷絕之哀。菁莪之韻不諧，風凄講舍；桃李之花失色，露冷師門！從茲老成云亡，典型空在，哲人其萎，梁木奚瞻？嗚呼！謝太傅西州之門，羊曇過而下淚；稽叔夜山陽之笛，何秀聞而興悲。白馬素車，徒使人間負痛；隻雞斗酒，難回地下修文。宜其同儕聞而心酸，學子泣而腸斷者也！某某等忝叨麗澤，敬仰高山，瞻睇靈幃，悵故人之不見；哀歌蒿，歎逝者之如斯。遘宿草而興嗟，豈得援太上忘情之語；睹陳根而輟哭，更難引達人齊物之談，敬潔溪毛，聊陳靈右，敢伸鄙悃，以瀆神聽。尚饗。

祭老師文

維

中華民國某年某月某日，受業某某等謹以剛鬣牲禮之儀，致祭於

夫子大人之靈曰：嗚呼！人生斯世，如葉飄風，彭修顏短，同歸一空。緬維夫子，德備厥躬，文成錦繡，壇坫稱雄。及門瞻仰，泰岱華嵩，歲在龍蛇，哲人之凶。嗟予小子，悲切慘惘，或莫予解，蔽莫予通，頑莫予破，錯莫予攻；而今已矣，何所適從？虔具薄奠，聊表微衷。哀哉尚饗。

國民大會全體代表祭告 國父文

維

中華民國五十五年三月二十五日總統 蔣中正謹偕領第一屆國民大會第四次會議主席團暨全體代表等，敬具香花清酌之儀，祭告於我 國父中山先生在天之靈曰：唐虞垂統，聖道彌九野之光；湯武弔民，王業紀千秋之盛。周公制禮，樹仁政之宏規；尼父刪書，擁素王之尊號。惟我 國父中山先生，明齊日月，量合乾坤，學究天人，功參造化。良醫何限於良相？濟世首重於濟民。審近世之漸流，繼往聖之道統。盡人物之性，爲天地立心。觀夫書致合肥，旨符禮運。昌言地盡其利，物盡其用，貨殖盡其暢流，進中國於富強之域也。必使老有所終，幼有所長，壯者有所致力，躋斯民於安樂之天也。無奈清政不綱，列強壓境，兵連禍結，豆剖瓜分。感國步之艱虞，念匹夫之任重。馬關締約，宰臣擅割地之權；檀島會盟，志士謀回天之術。光天化日，陸敬輿遺澤長存；援絕功虧，鄭延平出師未捷。我 國父力抨敗政，志切匡時。英倫罹羑里之囚，瀛海有塗山之會。豪雄翹首，倭叉傾誠。用能御駕風雲，造成時勢。黃花青塚，寄先烈之忠魂；碧血丹心，昭中華之正氣。一舉鄂州之幟，重開洪武之京。兑澤降自堯天，生靈胥悅；巽風被於禹甸，草木皆春。天與人歸，創征誅之大業；君輕民貴，仰揖讓之高懷，何圖藩鎮專橫，權奸竊據，或迷籌安之夢，或逞復辟之謀，或毀法於前，或構兵於後。我　國父上承天意，下順人心。既興討逆護法之雄師，復訂建國經邦之鴻略。推心置腹，期銅馬之俯首輸誠；瀝膽披肝，譬武候而鞠躬盡瘁。漢皇原廟，祀百世之神功；明祖孝陵，伴萬年之靈寢。託上天之福祉，賴

國父之威靈。傳捷報於東征，未遺一矢；造武成於北伐，無踰三年。闖賊易除，靖南疆之鼠患；哀兵必勝，平東海之鯨波。固已亭毒八荒，盧牟六合。混車書於天下，同風教於域中。伸展民權，實施憲政。詎料王彌賊子，招劉曜而南侵；石晉兒皇，事契丹以北面。毒流區宇，屠戮黎元，陵寢蒙塵，山河易色。田單在莒，藉二邑而復齊；少康羈虞，有一成而興夏。值此歲年重五，月令逢三，我第一屆國民大會第四次會議於臺北隆重舉行，輝煌成就。正八方風雨，宣五族之輿情。會一代衣冠，奉三民之國憲。纘承法統，適應時機，縱五院之能，臻四權之治。維新之命已開，匡復之功何遠？南連北越，北結三韓，搭矢東來，樓船西渡。揚鐵鷹之神技，何敵不摧？動金馬之義師，有征無戰。是知嬴秦暴政，不免軹道之災，新莽竊權，終有漸台之禍。登兆民於衽席，致四海於清平。寰宇重光，冀收京之在即；陵園待整，願告廟於來時。謹掬肫誠，伏維靈鑒！尚饗

考試院祭先總統　蔣公文

維

中華民國六十四年四月十五日，考試院院楊亮功率副院長、考試委員、本院暨考選銓敘兩部全體同人，虔具香花清酒玫祭於

總統　蔣公之靈而告以文曰：

嗚呼。星掩北辰。山摧砥柱。國失導師。軍喪慈父。士泣宮牆。民歌屺岵。感公盛美。夐邁前古。五紀御臨。恩周惠普。內翦群蟊。宏開軍府。外平巨患。功收干羽。存亡繼絕。澤及鄰圉。以德報怨。恩加降虜。赤禍稽天。隻身搘拄。屏障自由。干城民主。拯饑拯溺。心侔神禹。復國勵精。整軍經武。張我六師。如貔如虎。渙汗施令。群情鼓舞。興學裕農。惠工嘉賈。文教覃敷。海濱鄒魯。盛世作人。鴻科再睹。歲歲榜花。榮開冬煦。瓊宴逢辰。臚歡壽宇。璠璵廣收。用充廊廡。郅治昌期。希蹤三五。旰衡世局。慮危心苦。討逆之師。如箭在弩。忽報賓天。哀動率土。履厚如山。揮涕若雨。式潔蘋蘩。載陳豆簠。神其鑒臨。錫邦多祜。嗚呼哀哉。尚饗。

國史館祭先總統　蔣公文

維
中華民國六十四年四月十五日，國史館館長黃季陸率全體同人，謹以香花清酌之儀，致
祭於
總統　蔣公之靈曰：
繫維總統。道繼孫公。矢志救國。大勇大忠。奮揚雄武。戡定宇中。領導抗日。降伏鄰
封。國躋強盛。舉國欽崇。方宏憲政。期進大同。共匪構亂。殘民逞兇。窮於時變。莫
遏決洪。惟公高矚。重整陣容。臺海聚訓。眾志協恭。軍經建設。日盛月隆。士庶一德。待
命反攻。胡天不弔。喪我元戎。全國哀悼。遺囑誓從。聖焉而歿。仁焉而終。巍巍盛德。烈
烈豐功。照耀國史。永垂無窮。赫赫精爽。浩浩長風。尚饗。

國立臺灣師範大學祭先總統　蔣公文

維
中華民國六十四年四月十四日，值遙祭黃陵之節，我　蔣公總統崩於士林官邸，越四日，殯
於國父紀念館，粵以四月十六日，遺靈奉厝於桃園慈湖，禮也。國立臺灣大學校長張宗
良暨全體師生員工等，謹具香花清酌之儀，恭祭於

總統　蔣公之靈曰：

嗚呼。四明兩浙。鍾靈於武嶺之間。二帝三王，弘道接文宣之統。篤生睿哲。稟賦中和。自束髮受書以來。發獻身報國之願。貫通六藝。長承禮樂之風。進退百家。益究孫吳之術。繼中山之遺業。饑溺爲懷。揚大漢之隆威。車書允輯。所以東征兩度。北伐三秋。電掃姦回。搗瑞金之虎穴。飆馳神武。靖瀛海之鯨波。動八載之干戈。報怨布寬仁之德。除百年之桎梏。締約享平等之權。永奠國基。制千齡之鴻憲。綿延法統。膺五任而蟬聯。主敬以致其中。立極而居其正。風謠博採。讜論頻聞。用能登崇俊良。誕敷文教。兵精糧足。方月盛而日新。物阜民康。亦遠來而近悅。神州待復。群黎仰戴龍飛。寇孽未除。舉世驚催鶴馭。嗚呼哀哉。山頹木壞。上聖云亡。地裂天傾。大星遽殞。素車白馬。慟塗草之橫霜。苦雨哀雷。泣嶺松之翳日。愁雲夜積，慘霧晝昏。大隧一扃。幽堂永寂。嗚呼哀哉。吾輩恪遵。遺囑。奮勵自強。矢勇矢勤。毋荒毋怠，中興定卜。救民於浩劫之餘。丕緒厥承。建國進大同之治。生而無窮者厚載。並浩氣以長存。健而不息者高旻。徵英靈之弗昧。故鼎返乎磨室。奉安之典非遙。大呂陳於漢都。頌聖之聲罔極。馨香一瓣。醴酒盈樽。陟降有臨。神明如在。嗚呼哀哉。尚饗。

國立政治大學校友會祭先總統 蔣公文

維

中華民國六十四年四月十四日，國立政治大學校友會全體校友代表，謹以香楮燭帛鮮花酒醴之儀，致祭於

總統 蔣公之靈曰而奠之以文曰：

嗚呼。當夫晴天萬里。忽焉而風雲變色。雷雨交加者。方驚氣象之險異。乃竟爲昊天之奪我公而去者耶。是豈僅泰山其頹。梁木其壞。亦誠爲大星之殞落。而白日之無燁。固也。我公之德躋夫聖。功蓋夫宇。言警夫世。而復由耋而耄。登夫上壽。固可齊生死。亘古今而永垂不朽。孰料方當天下紛紛擾擾之日。竟使我同失反共領袖。是烏得而彷徨躑躅而無譁。矧吾輩親蒙薰炙。屢受提攜。每承耳提面命。以教以訓。長所恃以爲楷模者。今竟使我同失革導師。又烏得而不悽愴號泣而無涯。已矣乎。天竟奪吾公而去矣。吾輩將終其身失此依憑者矣。所幸者我公雖去。我公在黨之巍巍者儀。在軍之赫赫者威。與夫在政之淵淵者仁。固長存於天壤之間也。尤以冰雪之姿。松柏之節。挺然於此昏瞶之日。以爲天下撥亂反正之式則者。固昭昭在舉世之耳目。吾輩允當如羨羹牆。永守弗失。以爲今後報黨報國並所以報我公者之所膺服。嗟乎。吾輩亦自懍然懷愧矣。我公之創劃本

校也。曰中央黨校。曰中央政校。中央幹校。曰政治大學。蓋在分期吾輩之在軍政訓政及憲政三大時期發揚蹈厲。各宏獻替。尤當夫此反攻復國之秋。我公所責望於吾輩者愈殷切而無涯涘。第念吾輩之平庸栗碌。其能仰體聖德而稍分宵旰之夏者百不及一。終使我公獨膺艱鉅。遂致中道崩殂。是誠吾輩之罪孽深重。雖百其身而莫贖。雖然。往者已矣。吾輩誠將懷慚抱恨於終生矣。望紅紙廊之矗立而思宮牆。覽海棠溪之逝波而思桐絃。瞻復興關之高聳而思上庠。緬越秀山之飛而思鱣堂。孰知夫同思涉於浩緲。固人人之所悽愴。今又奪我聖哲。是安得而不涕泗滂沱。已矣乎。前徽兮雖已泯。而繼起責任在吾人。讀遺囑兮其凜凜。吾輩烏得而不率先遵行。實踐三民主義。復興民族文化之精英。光復大陸國土。堅守民主之陣容。凡此皇皇懿訓。吾輩誓相規相勸。合眾力以擔承。庶幾早日完成我公之遺志。以告慰我公在天之靈。是皆為吾輩今後之大責重任。我公之精神。其常式憑而佑庇之。嗚呼。江山揮淚。宇宙唧悲。薦此牲帛。我公其來格而來歆。尚饗。

國民黨中央委員會公祭陳副總裁辭修文

維

中華民國五十四年三月十日，中國國民黨中央委員會全體同志，謹以香花清酌之儀，致

祭於

陳故副總裁辭修先生之靈曰：嗚呼！河嶽炳靈，篤生英傑。元輔總戎，丕顯鴻烈。少承明德，志在澄清；獻身革命，誓矢丹精。龍韜虎符，指揮若定；挫銳摧堅，料敵制勝。出膺疆寄，綏靖多方。既富以教，治績恢張。入贊樞機，宏規肇建。武庫軍司，壹具成憲。赤祲熸熾，越在臺員。從容措置，如山如磐。主義是行，省當模範。新政百端，施之無倦。生聚教訓，倚甚長城。復興基地，建設完成。耕者有田，益臻康樂。遺惠無窮，徽猷炳爍。一心黨國，盡瘁攄忠。訏謨定命，盛德大勳。弔民伐罪，運會斯亟。幃幄韜鈐，群仰元弼。云胡降割，頹嶽隕光。九原不作，薄海同傷！仰瞻劍履，益懍艱鉅。七十萬士，敢忘在莒。馨香敬薦，來格來歆，定憑靈爽，默贊中興。尚饗！

胡適治喪委員會哀悼胡適博士祭文

嗚呼，何國運之屯蹇，乃遽殞我哲人。憶昔日之色笑，疑噩夢而非眞。溯先生之壯年，早蜚聲于寰宇。學既窮夫文史，識復通于今古。既閎中而肆外，爰掌教于上庠。導士林以先路，振文風之頹唐。著讜論以牖民，倡自由與民生。闡科學之眞詮，作中流之砥柱。繫先生之治學，維實證之是求。理雖賾而必探，事無微而不搜。當國步之艱難，歷聘問乎歐美。宣正義于殊方，揚國威于遐邇。迨日德之煽亂，烽火遍乎寰瀛。乃銜命而出使，國是賴以權衡。迨勝利之來臨，爰歸國而長大學。遇匪亂而赴美，作反共之先覺。及既返乎台員，爲群彥之祭酒。多士荷其栽成，國人仰爲泰斗。維先生之議政，言無隱而必誠。作政府之諍友，息反側之紛爭。維先生之持躬，允克思而克恕。若霽月與光風。故不憂亦不懼。維先生之接物，咸藹然而情親。人無分乎中外，位無別乎卑尊。方幸國有老成，爲萬方之矜式。何期天不憖遺，竟怛化于瞬息。嗚呼，天慘慘而迢黯，風蕭蕭而聲悲。歎招魂之無處，對遺容而淚澌。嗚呼哀哉，尚饗！

祭吳稚暉先生文

維

中華民國四十二年十一月二日，監察院院長于右任，副院長劉哲，暨全體監察委員，謹以清酌時花之獻，致祭於　吳稚暉先生之靈前曰：

先生思想。維新革命。誘啓新知。科學是競。天演本始。精神物性。鼓吹民治。以拯萬姓。先生學問。淹貫古今。儒修哲理。磅礴宏深。語文統一。審定國音。詼諧幽默。咸喻規箴。先生人格。秉彼三讓。匹夫白屋。克集令望。灑落襟懷。恢弘度量。神清氣和。老而益壯。先生功業。位躋元勳。決策機先。燭照妖氛。不辭艱險。一貫忠勤。中邦保傅。永式完人。先生之逝。爲天下慟。先生之風。留垂歌頌。哲人長往。乘鶴跨鳳。神其有知。鑒兹清供。嗚呼尚饗。

祭徐永昌將軍文

維

中華民國四十八年七月甲申朔越十有七日，賈景德以香花酒醴庶饈之儀，致祭於摯友故一級上將徐次辰先生之靈曰：

維矯矯如龍之人傑兮，原拔起於孤寒。有深長之意思兮，性高潔而情鬱盤。不貪一文分外之財兮，而淡泊自安。與人無爭與世無忤兮，自謂黃老之學從未研鑽。幼入柳營牧馬兮，逐水草而悽酸。短褌汙手自浣兮，就曝片石而待乾。苦心志而勞筋骨兮，終降大任於帥壇。懿惟城北之徐公兮，深在抱之痌瘝。飲食與教誨兮，不惜心力之俱殫。赤足護蹕走晉陝豫薊兮，長棘刺痛慨然發長歎。更受城南徐公之推薦兮，長百夫而效一官。不遂厥志層入軍與陸大兮，每試首冠名不刊。訪巖穴遍歷滇蜀關輔兮，目營扼塞與重關。提偏師駐薊南兮，醒春夢於邯鄲。回戈天再造兮，佐孫武而振羽翰。一戰戡定三輔兮，傷隴右之凋殘。歸桐封挺勁節於舊帥兮，改旗幟在蓋棺。奮鷹揚於朔方兮，歸全師於中原。主政三省布德澤兮，一塵不染避婪貪。扶痛出長軍令亙八載兮，運籌決勝功桓桓。受降東京灣兮，米蘇里艦上聳眾觀。出長國防備歷艱險兮，爲蹈東海來臺灣。我初識君在廣座兮，雞群一鶴來會餐。君不我棄兮，自然廉藺能交歡。憂樂與共歷三十載兮，無言不談瀝肺肝。春暮受風寒於議席上兮，舊病復發治療難。人謂君諱疾忌醫兮，我稔君抗病心性之強頑。胡天下不弔遽折梁棟兮，使伏波不再顧盼而據鞍。嗚呼，人生本如夢幻泡影兮，奈何我亦雙淚漣。嗟君未了有遺事兮，我當聯合朋友盡力擔。抒情祭告請君聽兮，乞在天之靈來格來享心放寬。嗚呼傷矣。尚饗。

三、追祭文

祭十二郎文

韓　愈

年月日，季父愈聞汝喪之七日，乃能銜哀致誠，使建中遠具時羞之奠，告汝十二郎之靈：

嗚呼！吾少孤，及長，不省所怙，惟兄嫂是依。中年，兄歿南方，吾與汝俱幼，從嫂歸葬河陽；既又與汝就食江南。零丁孤苦，未嘗一日相離也。吾上有三兄，皆不幸早世。承先人後者，在孫惟汝，在子惟吾；兩世一身，形單影隻。嫂常撫汝指吾而言曰：「韓氏兩世，惟此而已。」汝時尤小，當不復記憶；吾時雖能記憶，亦未知其言之悲也。

吾年十九，始來京城。其後四年，而歸視汝；又四年，吾往河陽省墳墓，遇汝從嫂喪來葬。又二年，吾佐董丞相於汴州，汝來省吾；止一歲，請歸取其孥。明年，丞相薨。吾去汴州，汝不果來。是年，吾佐戎徐州，使取汝者始行，吾又罷去，汝又不果來。吾念汝從於東，東亦客也，不可以久；圖久遠者，莫如西歸，將成家而致汝。嗚呼！孰謂汝遽去吾而歿乎！吾與汝俱少年，以爲雖暫相別，終當久與相處，故捨汝而旅食京師，以求斗斛之祿；誠知其如此，雖萬乘之公相，吾不以一日輟汝而就也。

去年，孟東野往。吾書與汝曰：「吾年未四十，而視茫茫，而髮蒼蒼，而齒牙動搖。念諸父與諸兄，皆康彊而早世。如吾之衰者，其能久存乎？吾不可去，汝不肯來，恐旦暮死，而汝抱無涯之戚也！」孰謂少者歿而長者存，彊者夭而病者全乎！嗚呼！其信然邪？其夢邪？其傳之非其眞邪？信也，吾兄之盛德而夭其嗣乎？汝之純明而不克蒙其澤乎？少者、彊者而夭歿，長者、衰者而存全乎？未可以爲信也；夢也，傳之非其眞也，東野之書，耿蘭之報，何爲而在吾側也？嗚呼！其信然矣！吾兄之盛德而夭其嗣矣！汝之純明宜業其家者，不克蒙其澤矣！所謂天者誠難測，而神者誠難明矣！所謂理者不可推，而壽者不可知矣！雖然，吾自今年來，蒼蒼者或化爲白矣，動搖者或脫而落矣。毛血日益衰，志氣日益微，幾何不從汝而死也。死而有知，其幾何離；其無知，悲不幾時，而不悲者無窮期矣。汝之子始十歲，吾之子始五歲；少而疆者不可保，如此孩提者，又可冀其成立邪！嗚呼哀哉！嗚呼哀哉！

汝去年書云：「比得軟脚病，往往而劇。」吾曰；「是疾也，江南之人，常常有之。」未始以爲憂也。嗚呼！其竟以此而殞其生乎？抑別有疾而至斯乎？汝之書，六月十七日也。東野云，汝歿以六月二日；耿蘭之報無月日。蓋東野之使者，不知問家人以月日；如耿蘭之報，不知當言月日。東野與吾書，乃問使者，使者忘稱以應之耳。其然乎？其不然乎？

今吾使建中祭汝，弔汝之孤與汝之乳母。彼有食，可守以待終喪，則待終喪而取以來；如不能守以終喪，則遂取以來。其餘奴婢，並令守汝喪。吾力能改葬，終葬汝於先人之兆，然後惟其所願。

嗚呼！汝病吾不知時，汝歿吾不知日；生不能相養以共居，歿不得撫汝以盡哀；斂不憑其棺，窆不臨其穴。吾行負神明，而使汝夭；不孝不慈，而不得與汝相養以生，相守以死。一在天之涯，一在地之角，生而影不與吾形相依，死而魂不與吾夢相接。吾實爲之，其又何尤！彼蒼者天，曷其有極！自今已往，吾其無意於人世矣！當求數頃之田於伊潁之上，以待餘年，教吾子與汝子，幸其成；長吾女與汝女，待其嫁，如此而已。嗚呼！言有窮而情不可終，汝其知也邪？其不知也邪？嗚呼哀哉！尚饗！

韓愈與十二郎（名老成），分爲叔姪，因自幼憂喜相依，情同兄弟。故其哀痛之情，不難想像也。清林雲銘評此文曰：「祭文中出以情至之語，以此爲最。蓋以其一身承世代之單傳，可哀一也。年少且強而早世，可哀二也。子女俱幼，無以爲自立計，可哀三也。就死者論之，已不堪道如此，而文公以不料其死而遽死，可哀四也。相依日久，因求祿遠離。不能送終，可哀五也。報者年月不符，不知是何病亡，何日歿，可哀六也。在祭者處此，更難爲情矣。故自首至尾，句句皆以自己插入伴講。始相依，繼相離，瑣瑣敘出。復以己衰當死，少而強者不當死，作一疑一信波瀾；然後以不知何病，不知何日，慨歎一番。末歸咎於己，不當求祿遠離。而以教嫁子女作結，安死者之心。亦將自家子女平平敘入。總見自生至死，無不一體關情，悱惻無極，所以爲絕世奇文。」

祭石曼卿文

歐陽修

維治平四年七月日，具官歐陽脩謹遣尚書都省令史李敭至于太清，以清酌庶羞之奠，致祭于亡友曼卿之墓下，而弔之以文曰：

嗚呼曼卿！生而爲英，死而爲靈。其同乎萬物生死而復歸於無物者，暫聚之形；不與萬物共盡而卓然其不朽者，後世之名。此自古聖賢，莫不皆然，而著在簡冊者，昭如日星。

嗚呼曼卿！吾不見子久矣，猶能髣髴子之平生。其軒昂磊落，突兀崢嶸，而埋藏於地下者，意其不化爲朽壤，而爲金玉之精。不然，生長松之千尺，產靈芝而九莖。奈何荒煙野蔓，荆棘縱橫，風淒露下，走燐飛螢；但見牧童樵叟，歌唫而上下，與夫驚禽駭獸，悲鳴躑躅而咿嚶。今固如此，更千秋而萬歲兮，安知其不穴藏狐貉與鼯鼪。此自古聖賢亦皆然兮，獨不見夫纍纍乎曠野與荒城。

嗚呼曼卿！盛衰之理，吾固知其如此；而感念疇昔，悲涼悽愴，不覺臨風而隕涕者，有愧乎太上之忘情。尚饗。

石曼卿，宋朝宋城人，名延年，曼卿其字也。其人性倜儻，任氣節，爲文勁健，工詩善書，明辨事非，嗜酒不亂。眞宗時，官大理寺丞。仁宗朝，遷太子中允。康定二年卒於京師，年四十八歲。歐陽修此篇祭文，爲散體抒情文。但文內雜有儷辭騷句，且通篇押韻，情韻綿邈，四美畢具。

祭妹文

袁枚

乾隆丁亥冬，葬三妹素文于上元之羊山而奠以文曰：

嗚呼！汝生于浙而葬于斯，離吾鄉七百里矣；當時雖觭夢幻想，寧知此爲歸骨所耶！

汝生一念之貞，遇人仳離，致孤危託落；雖命之所存，天實爲之，然而累汝至此者，未嘗非予之過也。予幼從先生受經，汝差肩而坐，愛聽古人節義事，一旦長成，遽躬蹈之。嗚呼！使汝不識詩書，或未必艱貞若是。

余捉蟋蟀，汝奮臂出其間，歲寒蟲僵，同臨其穴。今予殮汝葬汝，而當日之情形，憬然赴目。予九歲，憩書齋，汝梳雙髻，披單縑來，溫緇衣一章。適先生奓戶入，聞兩童子音琅琅然，不覺莞爾，連呼則則；此七月望日事也，汝在九原，當分明記之。予弱冠粵行，汝掎裳悲慟。逾三年，予披宮錦還家，汝從東廂扶案出，一家瞠視而笑，不記語從何起；大概説長安登科，函使報信遲早云爾。凡此瑣瑣，雖爲陳跡，然我一日未死，則一日不能忘。舊事塡膺，思之淒梗，如影歷歷，逼取便逝。悔當時不將嫛婗情狀，羅縷紀存；然而汝已不在人間，則雖年光倒流，兒時可再，而亦無與爲證印者矣。

汝之義絕高氏而歸也：堂上阿嬭，仗汝扶持；家中文墨，眣汝辦治。嘗謂女流中最少明經義、諳雅故者；汝嫂非不婉嫕，而于此微缺然。故自汝歸後，雖爲汝悲，實爲予喜。予又長汝四歲，或人間長者先亡，可將身後託汝；而不謂汝之先予以去也。

前年予病，汝終宵刺探，減一分則喜，增一分則憂。後雖小差，猶尚殗殜，無所娛遣。汝來床前，爲說稗官野史可喜可愕之事，聊資一懽。嗚呼！今而後吾將再病，教從何處呼汝耶！

汝之疾也，予信醫言無害，遠弔揚州。汝又慮戚吾心，阻人走報。及至綿惙已極，阿嬭問望兄歸否，強應曰諾已。予先一日夢汝來訣，心知不祥，飛舟渡江，果予以未時還家，而汝以辰時氣絕，四支猶溫，一目未瞑，蓋猶忍死待予也。嗚呼痛哉！早知訣汝，則予豈肯遠遊；即遊，亦尚有幾許心中言，要汝知聞，共汝籌畫也。而今已矣！除吾死外，當無見期。吾又不知何日死，可以見汝；而死後之有知無知，與得見不得見，又卒難明也。然則抱此無涯之憾，天乎，人乎，而竟已乎！

汝之詩，吾已付梓；汝之女，吾已代嫁；汝之生平，吾已作傳；惟汝之窀穸，尚未謀耳。先塋在杭，江廣河深，勢難歸葬，故請母命而寧汝于斯，便祭掃也。其旁葬汝女阿印，其下兩冢：一爲阿爺侍者朱氏，一爲阿兄侍者陶氏。羊山曠渺，南望原隰，西望棲霞，風雨晨昏，羇魂有伴，當不孤寂。所憐者，吾自戊寅年讀汝哭姪詩後，至今無男，兩女牙牙，生汝死後；纔周晬耳。予雖親在，未敢言老；而齒危髮禿，暗裡自知。知在人間，尚復幾日！阿品遠官河南，亦無子女，九族無可繼者。汝死我葬，吾死誰埋，汝倘有靈，可能告我？

嗚呼！身前既不可想，身後又不可知，哭汝既不聞汝言，奠汝又不見汝食。紙灰飛揚，朔風野大，阿兄歸矣，猶屢屢回頭望汝也。嗚呼哀哉！嗚呼哀哉！

袁枚，清錢塘人，字子才，乾隆進士，歷知江寧、溧水、江浦、沭陽諸縣，卓著政聲。詩主抒寫性靈。為文縱橫跌宕，自成一家。袁枚三妹素文，名機，因誕自書香門第，文才佳勝，舊禮教觀念頗深。以指腹為婚，許於狎邪不規之如臯高氏子為婦，既嫁，因常受虐待，經乃父訴官離異，但堅不改嫁。及高氏子死，素文伋飲泣盡哀，其節操之貞，守舊之篤，有如是者。素文死時，年四十。袁枚此文，作於素文死後八年。此篇文章，為散體哀悼文，全文道盡生離死別之痛，質樸懇到，凄愴動人。

祭黃夫人文

蔡元培

嗚呼！仲玉，竟舍我而先逝耶！自汝與我結婚以來，才二十年，累汝以兒女，累汝以家計，累汝以國內外之奔走，累汝以貧困，累汝以憂患，使汝善書，善畫，善為美術之天才，竟不能無限發展，而且積勞成疾，以不得盡汝之天年。嗚呼！我之負汝爲如何耶！

我與汝結婚以後，屢與汝別，留青島三閱月，留北京譯學館半年，留德意志四年；革命以後，留南京及北京十閱月，前年留杭縣四閱月，加以其他短期之旅行，二十年中，與汝歡聚者不過十二、三年耳。嗚呼！孰意汝舍我如是其速耶！

凡我與汝別，汝往往大病，然不久即愈。我此次往湖南而汝病，我歸汝病劇，及汝病漸痊，醫生謂不日可以康復，我始敢放膽而爲此長期之旅行。豈意我別汝而汝病轉劇，以至於死，而我竟不得與汝一訣耶！

我將往湖南，汝恐我不及再回北京，先爲我料理行裝，一切完備。我今所服用者，何一非汝所採購，汝所整理？處處觸目傷心，我其何以堪耶！

汝孝於親，睦於弟妹，慈於子女，我不知汝臨終時，一念及汝死後老父老母之悲切，弟妹之傷悼，稚女幼兒之哀傷，汝心其何以堪耶？

汝時時在紛華靡麗之場，內之若上海及北京，外之若柏林及巴黎，我間欲爲汝購置稍入時之衣飾，偕往普通娛樂之場所，而汝輒不願。對於北京婦女以酒食賭博相徵逐，或假公益之名以鶩聲氣而因緣爲利者，尤慎避之，不敢與往來。常克勤克儉以養我之廉，以端正子女之習慣。嗚呼！我之感汝何如；而竟不得一當以報汝耶！

汝愛我以德，無微不至。對於我之飲食、起居、疾痛、痾癢、時時懸念，所不待言。對於所信仰之主義，我所信仰之朋友，或所見不與我同，常加規勸；我或不能領受，以至與汝爭論；我事後輒非常悔恨，以爲何不稍稍忍耐，以免傷汝之心。嗚呼！而今而後，再欲聞汝之規勸而不可得矣。我惟有時時銘記汝往日之言以自檢耳。

汝病劇時，勸我按預約之期以行，而我不肯。汝自料不免於死，常祈速死，以免誤我之行期。我當時以爲此不過病中憤感之談，及汝小愈，則亦置之。嗚呼！豈意汝以小愈促我行，而竟不免死於我行以後耶。

我自行後，念汝病，時時不寧。去年十一月二十八日，在船中發一無線電於蔣君，詢汝近況，冀得痊愈之消息以告慰，而復電僅言小愈。我意非痊癒，則必加劇，小愈必加劇之諱言，聊以寬我耳，我於是益益不寧。到里昂後即發一電於李君，詢汝近況，又久不得復。直至我已由里昂而巴黎，而瑞士，始由里昂轉到譚、蔣二君之電，始知汝竟於我到巴黎之次日，已舍我而長逝矣。嗚呼！我之旅行爲對於社會應盡之義務，本不能以私廢公，然遲速之間，未嘗無商量之餘地，爾時李夫人曾勸我展緩行期，我竟誤信醫生之言而決行，致不得調護汝以蘄免於死。嗚呼！我負汝如此，我雖追悔，其尚可及耶！

我得電時距汝死已八日矣，我既無法速歸，亦已無濟於事，我不能不按我預定計劃盡應盡之義務而後歸。嗚呼！汝如有知，能不責我負心耶。

汝所愛者，老父老母也，我祝二老永遠健康，以副汝之愛。汝所愛者，我也，我當善自保養，盡力於社會，以副汝之厚愛。汝所愛者威廉也，柏齡也，現在託庇於汝之愛妹，愛護周至，必不讓於汝。我回國以後，必躬自撫養，使得受完全教育，爲世界上有價值之人物，有所貢獻於世界，以爲汝母教之紀念，以副汝之愛。嗚呼！我所以慰汝者如此而已，汝如有知，其能滿意否耶！

汝自幼受婦德之教育，居恆慕古烈婦人之所爲。自與我結婚以後，見我多病而常冒危險，常與我約，我死則汝必以身殉。我諄諄勸汝，萬不可如此。宜善撫子女以盡汝爲母之天職。嗚呼！孰意我尚未死而汝竟先我而死耶！我守我勸汝之言不敢以身殉汝，然我早衰而多感，我有生之年亦復易盡，死而有知，我與汝聚首之日不遠矣。

嗚呼！死者果有知耶？我平日決不敢信；死者果無知耶？我今日爲汝而決不敢信；我今日惟有認汝爲有知，而與汝作此最後之通訊，以稍稍紓我之悲悔耳！嗚呼！仲玉！

蔡元培，紹興人，字子民。稟賦穎異，學貫中西，二十五歲，入翰林。憤清政不修，力倡革命。民國肇建，歷任教育總長，北京大學校長、中央研究院院長。清光緒二十七年與黃仲玉女士結褵。黃夫人，江西人，工書畫，嘗割臂療父病，有孝女之稱。婚後夫義婦順，伉儷情深。黃夫人於民國十年逝世，時子民正奉派至歐美考察教育，獲悉後，乃爲此文以祭之。通篇悲悔交織，淚與墨俱。

國父百年誕辰紀念文

國父之誕生，上距孔子之生焉二千四百一十有六年，　國父之所志，則以繼承堯、舜、禹、湯、文、武、周公，孔子聖聖相傳之道統爲已任。中正少讀孔子之書，曰：「大道之行也，與三代之英，丘未之逮也，而有志焉。」既冠，參加革命，獲侍　國父，羹牆步趨，幸而逮之。今距　國父之生，忽忽遂已百年！　國父祖述湯武、弔民伐罪、順天應人、所倡導之國民革命，雖屢躓屢起，未能及身告成，顧三民主義，一心物，合知行，通天人，贊化育，明德至善，光輝日新；大道之行也，舉天下之人，莫不景從攀慕，而偃然嚮風。

國父以三民主義，肇啓我中華民國，爲亞洲各民族開創民主自由之先河，實不止求我一族一國之利益，而及以繼絕世，舉廢國，扶顚持危之精神，以發揚我國民革命「天下爲公」之大道也。其後我國，反抗強權侵略，堅持對日抗戰勝利，其結果，遂使亞洲各殖民地，數百年來被壓迫諸民族，皆得以相繼新興而獨立！近二十年間，我國軍民反共戡亂之戰，前仆後繼，成仁取義，獨立奮鬥，屹立不搖，今且成爲自由亞洲之光明燈塔，此則又使我亞洲各國知所以存亡向背、自強自勉之道，而不至載胥及溺者，盡壹皆以踐行國父遺囑「聯合以平等待我之民族共同奮鬥」所致之效耳。是以國父不獨爲締造我中華民國誕生之聖哲，實爲復興亞洲民族之導師，而又爲救人救世指引人類同趨於三民主義「大同世界」之先驅。

中正師事國父，時承「歷史之中心爲民生，革命之大道曰仁愛，仁者仁民，愛者愛國」之訓示，深悟三民主義乃在恢復民族固有道德智能，發展現代日新又新之科學技藝，以其民主政治，全民建設，求得國際、政治、經濟上之自由平等，亦即以其所愛，助天下人愛其所愛，於是而鰥寡孤獨廢疾者皆有所養也。國父更痛斥馬克斯共產主義，以物質爲歷史之中心、以仇恨爲其階級鬥爭之張本、以其所不愛、而賊其所愛之罪惡！蓋早已洞燭共產匪徒，乃爲反民族、反民權、反民生，亦即反人性、反倫理之邪說詭辯，殺天下後世者之所爲！今共匪以其國際主義邪說，出賣我國家，危害我民族；以其階級鬥爭詭辯，奴役我大陸同胞毀棄我歷史文化；嗟呼！大陸匪區，家室離散，父子相殘，率獸食人，人亦相食，而我大陸同胞，其掙扎於匪共洪水猛獸暴政之下者，顚頟呻吟，飢號凍仆之浩劫，蓋未有甚於此時者也！而　國父臨終遺囑中所舉革命事業諸端—原在第二次世界大戰中所獲得之成果，今皆爲共匪之叛亂，幾瀕於中絕而盡廢！凡我愛國家、愛民族、爭生存、爭自由之全體軍民，自必以大義正氣，共同起而鉏鋤此鴟梟，斬絕此惡魔，解除我大陸人民之倒懸，以重建我倫理、民主、科學、三民主義燦爛光輝之中華民國，以告慰我　國父在天之靈。夫暴政必亡，漢奸必滅，乃爲歷史不變之定律，故我反攻必勝，復國必成，自無待乎蓍龜。此即所謂「仁之勝不仁也，猶水之勝火」也！吾故曰：三民主義，率天下以仁，而民從之！共產主義，率天下以暴，而民不從！此三民主義所以闡堯、舜、禹、湯、文、武、周公、孔子之正傳，而又爲我中華民族不偏不易、中和位育、繼繼繩繩之道統也。

中正違侍　國父，至今已四十有一年！然　國父平居所以詔示中正者，曰：「天下之事，其不如人意者，固十常八九，總在能堅忍耐煩，勞怨不避，乃能期於有成。」曰：「當從艱苦中去奮鬥，百折不回，以貫徹革命黨犧牲之主張。」曰：「當練一支決死之革命軍……我必導之去以一攻十，以十攻百也。」　國父北上，道經黃埔．則曰：「黃埔師生，其努力奮鬥如此，必能繼續我之生命，實行我之主義！」當英士之死，國父則以期英士者期之，執信踵亡，國父並以責執信者責之。廣州蒙難，護侍於永豐艦上，終日不違，以心傳心，時懍「毋忘今日患難艱危」之訓勉。當脫離白鵝潭，通過虎門要塞，在摩漢砲艇中，終夕侍坐，承示革命方略，策定討逆計畫，訓誨諄諄，不覺時之破曉，　國父乃忽而起示曰：「須臾即將換船，予自知在世之日，最多不踰十年，而爾則至少尚有五十年，望爾勉爲主義奮鬥、爲革命自重！」聆教之下，誠不知何辭以慰　父師之感慨，乃惶恐以對：「中正今年亦已三十有六。」　國父又重言之曰：「本黨革命，遭此鉅變，吾人猶爲叛逆所害，今後倘無不測之事，則爾爲主義，繼續五十年之奮鬥，自不爲多。」其音其容，此情此景，至今猶髣如在淚睫之前！無如中正駑鈍不才，蹉跎至今，百無一成，　國父陵寢蒙塵，奸匪暴政未靖，民困日深，國難益急，頻添革命歷史之創傷，更負全國同胞之殷望，清夜捫心，神明內疚，慚惶悚慄，不知所止！唯是終身秉持遺訓，壹以繼志承烈，保衛民國，實行主義，發揚我文化，光大我歷史，掃除我國民革命一切障礙，以仰答作育深恩於萬一，此則一片耿耿精忠，自矢不逮　國父之遺志不止，不竟國民革命之全功不止也。

我　國父以公天下之身，容天下之量，其精神固肫肫其仁，其思想乃淵淵其淵，其創業垂統之功烈，則浩浩其天，所謂「以天地萬物爲一體」，「無不覆幬，無不持載」，自有生民以來，蓋未有盛於孔子，尤未有盛於　國父者也。中正親承提命之切，久受非常之任，每當艱危之際，一念及　國父遺訓，必益爲之激越鼓舞，再接再厲，獻身盡瘁，最後則無不克底於成。此則　國父之革命主義，不僅爲中正志節之所自，而亦爲我民族精神之所寄。中正自當一本所志，相與全體同胞，戮力同心，光復大陸，重整河山，滌除國家所遭匪共覆巢之痛，湔雪陵寢所蒙腥膻污辱之恥，以國民革命之成功，壽我　國父，亦以此三民主義大道之行，壽我國家，壽我民族。

中華民國五十四年十一月十二日　蔣中正謹述

第五章 序文

第一節 概論

序文，在酬世文章中，最常見者有兩類：一爲書序。一爲壽序。書序，如易序、詩序、太史公自序之屬。其文義爲陳述作者之旨趣。此類文字，多半由作者親筆撰寫，但丐由他人倩代者，亦習見不鮮。壽序，始於明之中葉，至清乃盛行。其篇章內容，類皆爲旌善表徽，義資潛化。大都由壽者之故舊契交撰書致送。用表祝賀。至於書序、壽序之文體，向無定則，有通篇專用駢文者，有通篇專用散文者，亦有全篇駢散間雜互用者。蓋以端視操觚人之喜愛而定，原無一成不變之論據也。第正因文體喜愛之不同，遂致駢散兩說，判若胡越，爲散文者則力避對偶，爲駢文者則又自安於聲韻對仗，彼此相輕，互爲譏誚。梁人劉彥和在文心麗辭篇所言，最合中道。一曰「高下相須，自然成對。」此謂對偶之文依於天理，非由人力矯揉而成也。次曰「豈營麗辭，率然對爾。」此謂上古簡質，文不飾雕，而出語必雙，非由刻意也。三曰「句字或殊，偶意一也。」此謂對仗之文，但取配儷，不必比其句度，使語律齊同也。四曰「奇偶適變，不勞經營。」，此謂用奇用偶，初無成律，應偶者不得不偶，猶應奇者不得不奇也。終曰「迭用奇偶，節以雜佩。」此謂綴文之士，於用奇用偶，勿師成心，或捨偶用奇，或專崇儷對，皆非為文之正軌也。劉彥和之言，明白如此，眞可以息兩家之紛難，總殊途而齊歸者矣。觀夫唐朝韓昌黎之文章，洵與前述論列，晻然若合符節。其嘗言：「自魏晉以還，作者多拘對偶，而經、誥之指歸，遷、雄之氣格，不復振起。」故其所爲文，務反近體，而沈雄奧衍，深得本元，能卓然自成一家。宋歐陽修稱：「其文深厚而雄博。」蘇洵稱：「其文如長江大河，渾浩流轉，魚黿蛟龜，萬怪惶惑。」蘇軾稱：「文起八代之衰，道濟天下之溺。」凡此評價，信非過譽也。嗣細繹其文章之脈絡條貫，雖以散文爲主幹，而駢儷對偶之詞句，亦多散見於篇章，然要皆以散行之氣，運對偶之文，奇偶適變，順其自然耳。以上爲序文體制之概述。總之，援筆爲文，或用駢、或用散、或駢散互用，純繫乎作者之學力與性好，固無定論。良以三者塗轍雖異，樞機實同，而原無軒輕之分也。

第二節　序文之作法

書序與壽序，在製作方法上，原則大致相同，而在遣詞命意方面，則彼此互異。作書序，貴在詳總書旨，闡發精要，以條理暢達之筆致，據實論事，藉辭清義顯之表達，使人一目瞭然，如斯足矣。作壽序，則須臚陳壽者平生行誼，並作適當之推崇。揄揚以發藻，文尚典雅，汪洋以樹義，辭必清鑠。旌善表徽，旨存潛化，綴言述事，力避諂媚。此爲序文遣詞命意之基本概念也。至若序文之結構設計與作法，則要在章句之組合，與虛字之運用。茲分別說明如下：

一、章句組合：

文之善者，貴在章句組合之得體。文心章句篇云：「夫設情有宅，置言有位，宅情曰章，位言曰句。故章者，明也；句者，局也。局言者，聯字以分疆，明情者，總義以包體，區畛相異，而衢路交通矣。夫人之立言，因字而生句，積句而成章，積章而成篇。篇之彪炳，章無疵也；章之明靡，句無玷也；句之清英，字不妄也；振本而末從，知一而萬畢矣。」基上所言，文字爲文章之宅宇。一篇文章之撰寫順序，應先由綴字開始，再聯字爲句，再積句成章，最後積章而成爲一篇。篇之彪炳，出於章無疵；章之明靡，原於句無玷；句之清英，在於字不妄也。至於章句之綴慮謀篇，則云：「夫裁文匠筆，篇有小大；離章合句，調有緩急；隨變適會，莫見定準。句司數字，待相接以爲用；章總一義，須意窮而成體。其控引情理，送迎際會，譬舞容迴環，而有綴兆之位；歌聲靡曼，而有抗墜之節也。尋詩人擬喻，雖斷章取義，然章句在篇，如繭之抽緒，原始要終，體必鱗次。啓行之辭，逆萌中篇之意；絕筆之言，追媵前句之旨；故能外文綺交，內義脈注，跗萼相銜，首尾一體。若辭失其朋，則羈旅而無友，事乖其次，則飄寓而不安。是以搜句忌於顛倒，裁章貴於順序，斯固情趣之指歸，文筆之同致也。」此乃說明章句組合之原則。因文章篇幅之長短，原無定則，其造句與分章，亦大都隨語調之緩急，多所變易。故欲如何把握文章之立意旨趣，而彰顯於章句文字之中，則必須如舞者之步法，在翩翩起舞之間，而皆有迴環規律之可循；又如歌者之引吭高唱，亦應有抑揚節拍之規範。要之，章句之接構，務求上下銜接，首尾呼應，一如花托之與花朵，看似二物。而實則一體也。

二、虛字運用：

文章結構，應虛實相生，實字其形體，而虛字其性情也。虛字種類繁多，不勝枚舉。例如夫、惟、蓋、故、曰發詞。也、者、矣、乎、曰頓詞。耶、歟、乎、哉，曰疑詞。於是、爰、乃，曰繼詞。將、殆、倘、或，曰幾詞。是故、然則，曰承詞。然而、抑又，曰轉詞。假令、容有，曰或詞。向、初、前、始，曰原詞。其斯、以爲，曰複詞。固然、洵、誠，曰信詞。譬彼、猶若，曰擬詞。況乃、矧可，曰進詞。凡此虛字語詞，既爲綰轂文章起承轉合之樞機，尤爲調暢文章氣勢之關鍵也。六朝麗指曰：「作駢文而全用排偶，文氣易致窒塞。即對句之中，亦當少用虛字，使之動宕。」六朝文如傅季友爲宋公求加贈劉前軍表「俾忠貞之烈，不泯於身後，大賚所及，永及於後人。」任彥昇宣德皇后令「客游梁朝，則聲華籍甚；薦名宰府，則延譽自高。」邱希範永嘉郡教「才異相如，而四壁徒立；高慚仲蔚，而三徑沒人。」或用於字，或用則字，或用而字，其句法乃栩栩欲活。又庾子山謝滕王集序啓「譬其毫翰，則風雨爭飛；論其文采，則魚龍百變。」更覺躍然紙上矣。然如去此虛字，將譬其、論其，易爲藻麗之字，則平板而不能如此流利矣。於是知文章貴有虛字旋轉其間，不可落入滯相也。又陸以湉冷廬雜識云：「作文固無取冗長，然用字有以增益而愈佳者。」如歐陽公作晝錦堂記云：「仕宦至將相，富貴歸故鄉。」此人情之所榮，今昔之所同也。」後增兩個而字，作「仕宦而至將相，富貴而歸故鄉。」乃覺更勝。又作史炤峴山亭記云：「元凱銘功於二石，一置茲山，一投漢水。」章子厚謂宜改作「一置茲山之上，一投漢水之淵。」方爲中節，公喜而用之。黃山谷題仁宗飛白書跋末云：「譽天地之高厚，贊日月之光華，臣知其不能也。」集中作「臣自知其不能也。」增一自字，語意乃足。故六朝麗指繼曰：「於此知作文之法，不得概以簡削爲高。審是，則文家雖立意求簡，但遇字句中有宜增者，仍應依文益之，斯正所以善用其簡者歟。」基上昭昭例證，固知虛字在文章中之重要性矣。是以虛字之巧妙運用，非但能活潑文章脈絡，增強文章氣勢，抑且能煥發辭章文彩，美化辭章韻致。深望初學者於閱讀縑緗黃卷，或時彥佳章時，俱皆留意及此，久而久之，自可心領神會，緣此知彼，而受用不盡矣。

第三節　序文實例

一、書　序：

資治通鑑序

宋神宗

朕惟「君子多識前言往行，以畜其德。」故能「剛健篤實，輝光日新」。書亦曰：「王人求多聞，時惟建事。」詩、書、春秋皆所以明乎得失之跡，存王道之正，垂鑑戒於後世者也。漢司馬遷紬石室金匱之書，據左氏國語，推世本、戰國策、楚漢春秋。采經摭傳，罔羅天下放失舊聞，考之行事，馳聘上下數千載間，首記軒轅，至于麟止，作爲「紀」「表」「世家」「書」「傳」。後之述者，不能易此體也。惟其是非不謬於聖人，褒貶出於至當，則良史之才矣。

若稽古英考，留神載籍，萬機之暇，未嘗廢卷，嘗命龍圖閣直學士司馬光論次歷代君臣事跡，俾就秘閣繙閱，給吏史筆札，起周威烈王，訖於五代。光之志以爲周積衰，王室微，禮樂征伐，自諸侯出，平王東遷，齊、楚、秦、晉始大，桓、文更霸，猶託尊王爲辭，以服天下。威烈王自陪臣命韓、趙、魏爲諸侯，周雖未滅，王制盡矣。此亦古人述作造端立意之所繇也。

其所載：明君良臣，切摩治道；議論之精語；德刑之善制；天人相與之際；休咎庶證之原；威福盛衰之本；規模利害之效；良將之方略；循吏之條教。斷之以邪正；要之於治忽；辭令淵厚之體；箴諫深切之義；良謂備焉。凡十六代，勒成二百九十四卷，列于戶牖之間，而盡古今之統，博而得其要，簡而周於事，是亦典刑之總會，冊牘之淵林矣。

荀卿有言；「欲觀聖人之跡，則於其粲然者矣，後王是也。」若夫漢之文、宣，唐之太宗，孔子所謂「吾無間焉」者。自餘治世盛王，有慘怛之愛，有忠利之教，或知人善任，恭儉勤畏，亦各得聖賢之一體；孟軻所謂吾於武成取二三策而已。至于荒墜顚危，可見前車之失；亂賊姦宄，厥有履霜之漸。詩云：「商鑑不遠，在夏后之世。」故賜其書名曰：「資治通鑑」，以著朕之志焉耳。

治平四年十月，初開經筵，奉聖旨讀資治通鑑，其月九日，臣光初進讀，面賜御製序令候書成日寫入。

資治通鑑，乃編年之史也。文獻通考曰：「司馬光奉英宗詔編集歷代君臣事跡，上起戰國，下終五代，又別爲目錄、考異、舉要各一編，神宗賜御製序，以冠其首。」此書閱十九年乃成，凡二百九十四卷，包羅宏富，體大思精。世人譽爲編年史之祖。

大學章句序

朱　熹

大學之書，古之大學所以教人之法也。蓋自天降生民，則既莫不與之以仁義禮智之性矣；然其氣質之稟，或不能齊，是以不能皆有以知其性之所有而全之也。一有聰明睿知能盡其性者出於其間，則天必命之以爲億兆之君師，使之治而教之，以復其性。此伏義、神農、黃帝、堯、舜所以繼天立極，而司徒之職，典樂之官，所由設也。三代之隆，其法浸備，然後王宮、國都，以及閭巷，莫不有學。人生八歲，則自王公以下至庶人之子弟，皆入小學，而教之以灑掃應對進退之節，禮樂射御書數之文。及其十有五年，則自天子之元子衆子，以至公卿大夫元士之適子，與凡民之俊秀皆入大學，而教之以窮理正心脩己治人之道。此又學校之教，大小之節所以分也。夫以學校之設，其廣如此；教之之術，其次第節目之詳又如此；而其所以爲教，則又皆本之人君躬行心得之餘，不待求之民生日用彝倫之外。是以當世之人無不學，其學焉者無不有以知其性分之所固有，職分之所當爲，而各俛焉以盡其力。此古昔盛時，所以治隆於上，俗美於下，而非後世之所能及也。

及周之衰，賢聖之君不作，學校之政不脩，教化陵夷，風俗頹敗，時則有若孔子之聖，而不得君師之位，以行其政教。於是獨取先王之法，誦而傳之，以詔後世。若曲禮、少儀、內則，弟子職諸篇，固小學之支流餘裔。而此篇者，則因小學之成功，以著大學之明法，外有以極其規模之大，而內有以盡其節目之詳者也。三千之徒。蓋莫不聞其說；而曾氏之傳，獨得其宗，於是作爲傳義以發其意，及孟子沒，而其傳泯焉；則其書雖存，而知者鮮矣。

自是以來，俗儒記誦詞章之習，其功倍於小學而無用；異端虛無寂滅之教，其高過於大學而無實。其他權謀術數，一切以就功名之說，與夫百家衆技之流，所以惑世誣民，充塞仁義者，又紛然雜出乎其間。使其君子不幸，而不得聞大道之要；其小人不幸，而不得蒙至治之澤。晦盲否塞，反覆沈痼，以及五季之衰，而壞亂極矣！天運循環，無往不復。宋德隆盛，治教休明。於是河南程氏兩夫子出，而有以接乎孟氏之傳，實始尊信此篇而表章之；既又為之次其簡編，發其歸趣。然後古者大學教人之法，聖經賢傳之指，粲然復明於世。雖以熹之不敏，亦幸私淑而與有聞焉。顧其為書，猶頗放失，是以忘其固陋，采而輯之，間亦竊附己意，補其闕略，以俟後之君子。極知僭踰，無所逃罪；然於國家化民成俗之意，學者脩己治人之方，則未必無小補云。淳熙己酉二月甲子，新安朱熹序。

大學本禮記篇名，宋以前無單行本，司馬光著中庸大學廣義，始與中庸並稱別出，程顥、程頤續加研討。朱熹據程頤正傳，釐訂大學章句，而累為經一章，傳十章，與中庸，論語、孟子合編為四書。本序文為說明大學全書之精義，與其索奧纂言之心志。

心理建設自序

孫　文

文奔走國事三十餘年，畢生學力，盡萃於斯。精誠無間，百折不回，滿清之威力所不能屈，窮途之困苦所不能撓。吾志所向，一往無前，愈挫愈奮，再接再厲，用能鼓動風潮，造成時勢。卒賴全國人心之傾向，仁人志士之贊襄，乃得推覆專制，創建共和。本可從此繼進，實行革命黨所抱持之三民主義、五權憲法與夫革命方略所規定之種種建設宏模，則必能乘時一躍而登中國於富強之域，躋斯民於安樂之天也。不圖革命初成，黨人即起異議，謂予所主張者，理想太高，不適中國之用。衆口鑠金，一時風靡，同志之士，亦悉惑焉。是以予爲民國總統時之主張，反不若爲革命領袖時之有效而見之施行矣。此革命之建設所以無成，而破壞之後，國事更因之以日非也。

夫去一滿清之專制，轉生出無數強盜之專制，其爲毒之烈，較前尤甚。於是而民愈不聊生矣，溯夫吾黨革命之初心，本以救國救種爲志，欲出斯民於水火之中，而登之衽席之上也；今乃反令之陷水益深，蹈火益熱，與革命初衷大相違背者。此固予之德薄，無以化格同儕，予之能鮮，不足駕馭群衆有以致之也。然而吾黨之士，於革命宗旨、革命方略亦難免有信仰不篤，奉行不力之咎也。而其所以然者，非盡關乎功成利達而移心，實多以思想錯誤而懈志也。此思想之錯誤爲何？即「知之非艱，行之惟艱」之說也。此說始於傅說對武丁之言，由是數千年來，深中於中國之人心，已成牢不可破矣。故予之建設計畫，一一皆爲此說所打消也。嗚呼！此說者，予生平之最大敵也，其威力當萬倍於滿清。夫滿清之威力，不過祇能殺吾人之身耳。而不能奪吾人之志也；乃此敵之威力，則不惟能奪吾人之志，且足以迷億兆人之心也。是故當滿清之世，予之主張革命也，猶能日起有功，進行不已；惟自民國成立之日，則予之主張建設，反致半籌莫展，一敗塗地。吾三十年來精誠無間之心，幾爲之冰消瓦解，百折不回之志，幾爲之槁木死灰者，此也。可畏哉，此敵！可恨哉，此敵！

兵法有云：「攻心爲上」。是吾黨之建國計畫，即受此心中之打擊者也。夫國者，人之積也；人者，心之器也；而國事者，一人群心理之現象也。是故政治之隆污，係乎人心之振靡。吾心信其可行，則移山、塡海之難，終有成功之日；吾心信其不可行，則反掌，折枝之易，亦無收效之期也。心之爲用大矣哉！夫心也者，萬事之本源也；滿清之顚覆者，此心成之也；民國之建設者，此心敗之也。夫革命黨之心理，於成功之始，則被「知之非艱，行之惟艱」之說所奴，而視吾策爲空言，遂放棄建設之責任。如是，則以後之建設責任，非革命黨所得而專也。迨夫民國成立之後，則建設之責任，當爲國民所共負矣；然七年以來，猶未睹建設事業之進行，而國事則日形糾紛，人民則日增痛苦，午夜思維，不勝痛心疾首！夫民國之建設事業，實不容一刻視爲緩圖者也。國民！國民！究成何心？不能乎？不行乎？不知乎？吾知其非不能也，不行也；亦非不行也，不知也。倘能知之，則建設事業亦不過如反掌、折枝耳。

回顧當年，予所耳提面命而傳授於革命黨員，而被河漢爲理想空言者，至今觀之，適爲世界潮流之需要，而亦當爲民國建設之資材也。乃擬筆之於書，名曰建國方略，以爲國民所取法焉。然尚有躊躇審顧者，恐今日國人社會心理，猶是七年前之黨人社會心理也，依然有此「知之非艱，行之惟艱」之大敵，橫梗於其中，則其以吾之計畫爲理想空言而見拒也，亦若是而已矣。故先作學說，以破此心理之大敵，而出國人之思想於迷津，庶幾吾之建國方略，或不致再被國人視爲理想空談也！夫如是，乃能萬衆一心，急起直追，以我五千年文明優秀之民族，應世界之潮流，而建設一政治最修明、人民最安樂之國家，爲民所有、爲民所治、爲民所享者也。則其成功必較革命之破壞事業爲尤速、尤易也。

心理建設，乃中山先生所著之建國方略第一篇，旨在闡明行易知難學說，以期振起人心，相與策進建國大業之崇高理想。丁茲國步艱屯、共圖中興之會，足資發人深省。

菜根譚心得弁言

清代村塾，「三字經」外，率讀「增廣昔時賢文」。所集格言名句，示人立身行已之道，持家處世之方，幾於家喻戶曉，膾炙人口；共資爲是非曲直、成敗得失之準繩，自無異爲一卷最普及最基本之人生哲學、倫理教材也。

輓近以還，坊間流通彌廣，閱覽彌眾，有取代「賢文」之勢者，當推有明儒宗洪應明，自誠先生之「菜根譚」一書 以其沈潛孔孟之義理，蘊蓄釋道之精微，勘透人情，洞諳世務，纂組金科玉律之嘉言，垂爲通古達今之彝軌也。而尚取宋儒汪革，信民「咬得菜根斷，則百事可做」之語，肇錫書名，其涵寓意指，抑又極深且遠矣！

先總統奉化 蔣公，對於是書，備極讚譽；既詳加校正，復就其足以激揚士類，淪起民德，而合乎時代需要者，精選二百八十八則，顏曰「菜根譚選集」。自時厥後，高山景行，讀者踵增，遂益不脛而走，紙貴洛陽焉。

閩南晉江、黃和平先生，懸壺之餘，三復是書，不忍釋手。因發大願，賡續已行世之孝經、學庸、治家格言及素書四種心得，而撰菜根譚第五種心得。從全書四百廿餘則中（數百年來，展轉鈔錄，多寡各異），摭擷三百六十則，而將原分修省，應酬、評議、閒適、概論五類，易爲操履、忠恕、好善、自省、守分、律己、言行、自得八類。按各則性質，重行歸納。就原文揭提「要旨」，簡括標題，便人省覽。其主體即爲「心得」：憑其敏銳之眼光，清暢之文筆，發攄正確之議論，啓導前路之津梁。其中或徵以往昔之遺型，或證以當前之實例；化艱深爲淺近，執兩端爲中庸，消炎熾爲清涼，轉平夷爲警策。是誠婆心苦口、勵志篤行、激濁揚淸。匡時淑世之勞謙君子矣！而所有諸編心得，均慷慨解囊，大量印發各學校，各部隊，以及海外僑胞，利溥人群，求之濁世，寧可多覯耶？

和平先生家畋畝間，出身小學，食貧於工，不惜鄙事。苕帚抹布，不離書本。以「不與人爭，與自己鬥」，爲座右銘。抗戰期間，在黔北息烽，入中央警官學校特警訓練班；在渝都，入民治新聞專科學校。病瘵，住院經年，乃縱覽書籍，沈浸文學。勝利返廈門，忍苦服警務。東來臺嶠，爲警察局刑警大隊委任科員，困處二十八年，而安之若素，不以爲意，初寫「啖熱」、「橋梁」、「春雷」等文藝書刊；中醫師考試獲雋，則寫醫藥文章；邇來發心流布讀書「心得」，則推廣社會教育。夫以橫逆困窮，疾病痛苦之處境，而特立獨行、堅苦卓絕，有如此命人欽式成就。信矣，孟子謂：「人之有德慧術智者，恆存乎疢疾」也！信矣，洪自誠謂：「橫逆困窮，是鍛鍊豪傑的一副爐錘」也！承屬弁言，，爰略介其生平，以饟讀者。若仍舉「抗心希古，雄節邁倫；窮且彌堅，老當益壯」之菜根譚語，聊表企頌之意云爾！

中華民國七十年五月九日瑞金八四野叟周邦道敬識

二、壽序：

陳辭修先生六十壽序

曾霽虹

蓋聞承平碩輔。難兼鈇鉞之勛，戡定元戎。每遜絲綸之美。或資全文武。而令德愧乎人稱。或業懋巖廊。而純嘏吝乎天賜。故著韓范之績者。鮮皋夔之功。饒管樂之才者。乏汾潞之壽。若乃歷膺將相。累晉公孤。經世猷宏。陳疇福備。紀惟馨於惇史。卜難老以大年。如青田陳公。夐乎尚矣。公生當遜代。居值危邦。秉世德之芬芳。毓湖山之瑰麗。龍湫百仞。幼懷騰踔之心。象浦重瀾。夙抱澄清之志。王茂弘過亭雪涕。班定遠投筆辭鄉。蓋饑溺關懷。任天下之重如此。而憂樂有序。微斯人其誰與歸。時當大澤鴻嗷。中原鹿走。從龍奮跡。汗馬程功。遂邀特達之知。以奠非常之業。軍前劍履。師行有腳之春。道左簞壺。民慰來蘇之雨。戎衣北定。亂孽南萌。量沙收克敵之勛。堅壁建破戎之策。既而鯨濤捲陸。鼉鼓鳴江。猾夏逞兇。攘夷明義。迴瀾入海。端資砥柱之臣。嚴陣當關。尤賴鼓鼙之帥。公奉命指揮江右。搘拄鄂東。登陴而志切格苗。營壘則堅同撼岳。南樓風雨。嘉一德之寅僚。東閣賓筵。集四方之才俊。汎恩波於江漢。佛頌萬家。嚴鎖鑰於夔門。身維半壁。嗣復節移疆寄。符綰樞幾。分啓聖之殷憂。軍書旁午。展運籌之睿智。凱奏銷兵。不幸紅羊化　。銅馬揚塵。北警頻傳。南風不競。公痛心宗社。蒿目瘡痍。抒豹略以籌邊。奮鷹揚於專閫。武鄉拜表。重勞出塞之師。天寶蒙塵。終啓犯闕之寇。於是秉旄左海。開府炎疆。蕭牆紓內顧之憂。薪膽勵中興之業。下車宣旨。則政首民生。移牘推誠。則風清吏治。鋤豪強而智袪害馬。肅奸宄而明若然犀。自減租以有耕田。極麗日朧歌之樂。務生聚不忘教訓。措斯民衽席之安。故足食家家。胥沐謝公霖雨。濃陰處處。無非召伯甘棠。國家爲昭懋賞。授之魁柄。俾總百工。調鼎鼐以鹽梅。光廟堂之黻冕。君子有具瞻之譽。士民輸屬望之忱。既而榮膺大選。更晉崇階。德贊元良。勛隆弼貳。丹書鐵券。永揚金石之休。華髮霜顏。將與河山並籌。夫載福以德。福自隆。持盈以虛。盈則久。公已服官清正。體國公忠。儉約出自本懷。謙沖原於至性。用能聿承景祜。克享遐齡。而燕翼流徽。丹桂與綠槐相映。鴻眉介祉。萱花共椿葉長榮。德配譚夫人。詩書繼美。婉娩修儀。佩九畹之芳蘭。生成淑質。蔚三湘之喬木，系出名家。式壼範於群倫。昭母儀於九族。宜其圭璋協德。弧帨聯輝者矣。今歲十二月十二日。爲公花甲令旦。玉峰乍雪。瓊圃餘霜。島日丹含。瀛波綠釃。榮敷草木。揚仁喜扇春風。慶洽閭閻。可愛恰逢冬日。問海外神僊安在。眼前即是蓬萊。看人間老幼相將。座上同瞻極婺。某等誼屬葭依。情般葵向。華堂日暖。喜蘿蔓之同溫。勁節歲寒。祝松筠之共茂。此日奉盤獻籌。三千年棗大如瓜。他時歸璧呈祥。一萬里梅開似錦。

孫院長運璿先生七秩晉一雙壽序

成惕軒

舜得八元而治，漢以三傑而興。南陽之起臥龍。力持正統。中國之相司馬。聲振遐鄰。自來無競惟人。唯善爲寶。欲奏海宇澄清之效。必資陰陽燮理之功，先總統蔣公。以人才爲中興之本。示身教於遺訓之中，今總統經國先生。繼志維虔。求賢若渴。元輔曰安危與共。精誠則上下交孚。稽古有徵。青史紀賡颺之詠。秉鈞於代。赤心紓宵旰之憂。如我蓬萊孫運璿先生。才優幹濟。運協明良。洵足以副川楫霖雨之望焉。先生襟期澹遠。器局恢弘。生海濱鄒魯之鄉。飫聞大道。通域外狄鞮之譯。博攝新知。既鴻漸之有儀。遂牛刀而小試。民國三十四年。倭虜敗降。臺員光復。奉派接收臺灣電力事業。及電力公司成立。出任總工程師。旋擢總經理。持格物致知之學。揭福民利國爲歸。朝斯夕斯。劍及履及。分期措設。併力經營。一以奠定經濟建設基礎爲先務。事異燧人之鑽木。功浮太乙之然藜。省試懸規。督部屬力圖精進。富強樹的。俾國家日就光明。閱時旦二十年。獲益遍千萬户。其有造於復興基地者。不可謂不鉅矣。連番奉使。不辭星駕勞。萬里觀風。何啻輶軒之重，其間經世界銀行推薦。任奈及利亞國電力公司總經理者三年。擴充電源。改善營運。並完成高壓輸電線工程。炬列如星。城開不夜。啓茅塞於蹊逕。化草昧爲文明。惠及蠻貊之邦。榮居客卿之位。以視鄭國渠成。澤流隴阪。張騫槎泛。名動天西。又奚多讓哉。夫遺大投艱。眞才始見。盤根錯節。瑋行斯彰。地起層臺。必亟需夫巨匠。天生良木。豈久閟於深山。爰荷珪璋特達之知。許爲廊廟非常之器。五十六年十二月。被命爲交通部部長。以大過人之資。膺大司空之任。昔聞夏禹。曾集洪勳。舊屬冬官。實稱右職。凡百興作。俾一事功。今城高百雉。雖異前規。而海拄六鰲。正須奇技。雲程發軔。接萬國於崇朝。電路傳聲。控八紘於丈室。僻壤訏置郵之速。康衢忘行路之難。民頌輿梁。志修溝洫。梯航輻輳。不絕於殊方。湫隘囂塵。盡祛於列肆。此其交通建樹之明效也。五十八年十月。調任經濟部部長。海山稽管仲之篇。鹽鐵廣桓寬之論。曰興曰革。百度維貞。毋倚毋偏。兩端是執。於農則西成東作。弗忽於歲功。北陌南阡。早正其經界。富均於國。耕有其田。於工則技進於神。利期其溥。梅根革故。拓良冶於一爐。蓬嶠開先。喜精鋼之百鍊。於商則重洋畫鷁。爭馳舶趠之風。異代宏羊。別刱均輸之法。假名都爲外府。操勝算於寰區。綜厥大端。粲焉共睹。標諸細目。懿不勝書。此其經濟敷施之茂績也。法天行之剛健。如日方中。瞻嶽立之清嚴。與嵩比峻。六十七年六月。晉位行政院院長。望隆海表。心繫神州。本漢賊不兩立之言。張春秋大一統之義。鹽梅和鼎。一夔足煥其經綸。篳縷啓林。萬象方新於郡縣。物質與精神並重。法治樹民主之基。舞干羽以來遠人。詢芻蕘以察民隱。固圉師火牛之陣。防秋習水犀之軍。務拯孤微。以一夫飢一婦寒爲念。旁求髦俊。有三吐哺三握髮之風。謙尊而光。夙夜匪懈。蓋當武烈文謨之盛。切戒燕安。匯房謀杜斷之長。弼成鴻治。栗薪不見。雖踰姬旦之三年。涇鎬言歸。行賦周宣之六月。其所以銘景鐘。輝青簡者。寧有紀極耶。至其內行穆清。孝思純篤。平居事令慈楊太夫人甚謹。南陔潔膳。每效老萊戲綵之歡。北堂貽徽。時懍潯陽封鮓之誡。將終身而永慕。尤薄俗所難能。淑配俞夫人蕙萱。蘋藻修儀。珩璜比德。雍容象服。佐夫子以儉勤。赫奕魚軒。存大家之風範。男公子一鶴一鴻。女公子璐西璐筠。並肯構肯堂。宜家宜室。蔚重階之玉樹。秀茁祖庭。滋九畹之瓊蘭。芬揚甥館。可謂自天錫嘏。與國同庥者也。今歲夏正十一月十一日。欣居先生七旬晉一雙慶之辰。九域昭回。極媮在望。一陽來復。弧帨先春。緣美意以延年，爲蒼生而介壽。狼烽必掃。重光帶礪之山河。鶴算同添。直儗升恆之日月。

尹母石太夫人八旬晉九壽序

自抗戰以還。人民播遷。往往離鄉背井。跋涉數千里。南朔易處。其年老癃弱者。

每不習其水土。而多疾苦。洎赤禍洊興。禹城蒙垢。忠貞之士。不辭艱苦。繾綣以從樞府。有子身而渡海者。有經海外輾轉而來歸者。類不能一家團聚。何況奉高堂。盡孝養。萱幃有色笑之親。子舍潔白華之敬。康疆大耋。其福德之厚。有非恆人所能及者。吾邵陽尹母石太夫人者。蓋其人也。太夫人發祥華族。毓秀雪枝。幼習女教。長博詩書。迨歸壽珊先生。善事高堂。菽水惟敬。洎 壽珊先生筮仕西江。循聲卓著。諗知政本以教爲先。 太夫人内董家彝。外翊醇化。手刱正蒙女校于南昌。先爲師範。嗣改小學。爲校長者凡二十三載。典敘補匱。衡尺程功。其出門者咸稱不櫛。而化雨所被。大裨政風。蓋女子爲家庭之本。苟悦禮知書。幽嫻貞靜。必能相其夫而教其子。其造福於西江。蓋無量也。 令子仲容先生。卒業國立交通大學。習電氣工程。先後任職交通部、經濟部、及行政院。政府遷臺後。任生產管理委員會及工業委員會主任委員。中央信託局局長。經濟部長。現任美援運用委員會副主任委員、行政院外匯貿易審議委員會主任委員。並兼任臺灣銀行董事長。王曾黑頭。已爲内相。而博聞疆識。無書不窺。自科學以至財政、經濟、金融諸端。旁及吾國古學。莫不泝流窮源。有精闢之論斷。故處事施政。無不灼然燭照。若有夙定。蓋幼受 太夫人之教有以致之也。季子叔明先生。國立清華大學土木工程系畢業。任石門水庫副總工程師。現任經濟部水資會總工程師。孫宓與宙。皆留學北美。學有專精。　太夫人自遷臺以來。有仲容叔明兩先生之孝養。康疆有加。神觀朗徹。老福無窮。百齡可必。非獨一門之慶。實亦國家之瑞也。今年二月二十日。欣逢太夫人八旬晉九壽慶之辰。兩先生將設筵稱觴。以爲慶祝。柏園等久仰慈儀。更深孺祝。爰共獻言。用揚懿德。他年者。禹甸重光。國家安樂。
太夫人期頤稱慶。昔日洪都受教之士。將率其孫子共效嵩祝也。

中華民國五十一年二月中浣常熟李　猷敬撰

趙節母金太夫人九十壽言

兪大綱

始余邂逅趙班斧君於王受慶先生香港寓邸。觀其慷慨陳世局。才氣騰踔出儕輩。而侍王先生容貌足恭。得間訊知其伯氏曾事王先生爲部將。默識其器度。要當出於禮法之門。時倭寇方略湘粵。下羊城。南溟敵氛猖熾。班斧走行都。余亦行役越南。道阻事牽。睠睠焉不遑論交期者凡十餘年。其間稍聞班斧於禍變之隙。掌上海社會局職。著勞績。善其能竟才當危難。然未嘗通問也。近歲始同集於臺北。地變天荒之餘。鳥啼花落之頃。轉獲密蹤跡。展平生。修登堂拜母之儀。因得瞻　太夫人容止。穆若清風。靜如止水。始恍然於內則典言。人子胎息於母教者爲多。　太夫人氏金。事　錦文府君十五年而寡。府君擅歐洲諸國語言文字。習時務。光緒間佐張文襄公之洞湖廣幕。荷倚畀。以積瘁即世。遺孤四。班斧其仲也。時方兩歲。幼者未周晬。　太夫人提挈稚弱。營居績服。蹈儉習敬。艱貞支拄。以鞠以育。迄班斧昆季學成身顯。太夫人洎然於甘旨。益刻勵自矯。即遭世變。從班斧轉徙流離。雖匱絕未嘗見戚容。曰。吾以成吾子之操守也。昔范書敘列女。慨然於哲婦隆家人之道。貞女亮明白之節。徽美未殊。而世典咸漏。如　趙太夫人者。兼哲婦貞女之資。具絲枲內教之德。宜爲邦國所瞻。非獨閭里鄉黨矜爲法式也。今歲國曆四月四日。　太夫人壽躋九旬。班斧之戚若友。謀有以設悅稱慶。囑大綱紀懿德以備世典。夫文采之跡薄。慈孝之輝長。況榷魯毋以狀太夫人。謹摭以張人紀。兼以壽節母焉。

第六章　拙作選錄

筆者自大陸服任公職始，以至播越來台後，代人捉刀之應酬文字，月累年積，多不勝數。惟自視俱乃風雲月露之作，故每次所擬底稿，輒隨手棄置，從未妥善保存，迨至最近需用時，始翻箱倒篋，到處搜尋，甚至輾轉託人向原受文者之家屬，設法洽索，然所得者，僅是一鱗半爪，而十不及一耳。茲就手邊現有存稿，並擇其稍堪入目者，分別選錄於后，以供初學者參考。

第一節　律　詩

一、慶賀詩：

沈鴻烈先生賀秦德純將軍伉儷七秩雙壽詩

僊璈響徹五雲中。七齡齊眉大壽同。嘗記龍城奮豹略。更從文治揚庥風。時危始信封疆重。緒墜猶聞畫策雄。指日收京好返旆。磻溪賡待振奇功。

秦將軍山東人。曾任軍長、天津市長、山東省主席。七十壽誕時，已由國防部副部長任內退職，息影林泉。

沈鴻烈先生賀李立柏將軍與立法委員葉叶琴女士新婚詩

將軍議士羨天緣。豹首蛾眉分外妍。繡閣乘龍洽道韞。藍橋跨鳳快文淵。喜看秦晉聯雙璧。更願劉樊偕百年。多難家邦資柱杖。相期比翼共揚鞭。

沈、李、葉均係湖北人。沈先生爲湖北鄉長，故詩中兼寓「勉」意。

雷法章先生賀考試委員劉兼善八十華誕詩

松柏清操葆歲寒。凌霜傲雪志同堅。聲名久著鯤瀛外。藻鑑早標試院前。報國精忠存武穆。匡時氣節有龍川。從來大德享高壽。還祝椿齡晉八千。

劉先生廣東人。生於屏東內埔。日本早稻田大學畢業。在赴日留學前，登台北圓山，怒視台灣神社，矢志以「還我河山」爲職志。又爲廣交國際反共志士，曾遍遊歐、美、亞各地。

沈鴻烈先生賀陳達民六秩壽詩

從來立國農爲先。綺歲扶桑早著鞭。稼穡精研欽遠志。菑畬習見作新田。政成梓里傳高義。德被歸耕推俊賢。客裡欣逢周甲日。林泉身健即神仙。

陳先生江西人，日本明治大學農科畢業，在沈先生任農林部長期間，歷任江西省各級農業機構主管。來台後主持農場工作有年。對於輔導退除役官兵就業，貢獻頗多。壽誕時已退休。

沈鴻烈先生賀中興大學校長劉道元六秩壽詩

五年共事憶珂鄉。績炳齊煙盛譽揚。畫策魯南宏化育。宣猷敵後歷風霜。苔岑早契雞黍約。憂患猶欽鶴骨香。壽慶恰逢綰教業。萬千桃李樂門牆。

劉校長，山東人。抗戰初期，沈先生任山東省政府主席，劉先生代理教育廳長，對於宣揚政府政令，推行敵後教育，勳勞不著。

珂鄉：美稱他人之故鄉也。沈先生湖北天門人，自民國二十一年起，任青島市長，七七事變後，復轉任山東省政府主席，前後多達十年之久。嘗謂山東是其第二故鄉。

沈鴻烈先生賀孫銘之六秩壽詩

五雲瑞氣繞華堂。丁鶴引年晉杖鄉。膠澳弦歌猶在耳。鯤瀛桃李又成行。
身如松柏寒彌勁。人比菊梅晚益香。棫樸滿園競介壽。期頤共祝日方長。
沈先生任青島市長時，孫銘之在青島執教。來台後，賡續服任教職多年。

沈鴻烈先生賀李孝川令郎李鴻賓新婚詩

寒梅十月意清幽。喜值名門結鳳儔。俊逸檀郎情款密。貞嫻玉女語溫柔。
經邦原自齊家始。戒旦還須順德優。撥亂中興資眾志。好期連理奮南州。
沈先生與李孝川係長官部屬關係。故詩中兼寓「誨」「勉」之意。

二、隨筆詩：

奉題中央警官學校正科十五期旅台同學紀念冊詩

渝州立雪憶當年。歲序瞬間四六遷。交契苔岑金石固。情同手足壎篪聯。
因傷華鄂凋霜露。虔願桑榆頤性天。三戶亡秦消息近。相期結伴擢歸船。
歲次己巳，序正端陽。欣見中央警官學校正科十五期旅台同學紀念冊，業經李緒華學長運思設計，編輯蕆事。棖觸之餘，因念吾旅台同學，原爲九十餘人，數十年來，經常聚會聯誼，聲應氣求，情同兄弟。惜此間相繼去世者，已有二十八人之多，白雲蒼狗，人事多變，思之不勝感傷！爰應命賦先韻七律述懷。

霜露：典出漢武帝對公孫弘語：「君不幸罹霜露之疾，何患不已。」言霜露乃傷寒小病，如善加療養，不難痊癒也。

三戶亡秦：作此詩時，適北平天安門六四事件甫過，共產政權，岌岌可危。故引史記項羽紀：「楚雖三戶，亡秦必楚。」以喻之。

草堂春日即景

吾廬面水倚山陽。庭院逢春泛艷光。毗屋架藤吐嫩蔓。傍門叢竹放新篁。

深深榕蔭簾櫳靜。款款蝶飛花事忙。流目鄰家瓜菜圃。田園氣息更芳香。

余於民國五十三年，遷居於木柵區試院里自建平房住宅。宅內花木扶疏。宅前橫亙景美溪，宅後青山聳峙，宅右毗連農家菜圃。雖是陋巷蝸居，卻極幽靜恬適，某春日，因即景賦得。

「阿房宮賦」讀後抒感

瑰麗阿房氣勢遒。驪山起構咸陽收。行空虹道雲龍動。鬥角簷牙鱗櫛稠。

五步樓臺十步閣。一人基趾萬人髏。從知暴政難長久。閃電興亡幾度秋。

詠屈原

楚國屈原姓字香。鯁忠諤諤佐懷王。行清志潔拔塵俗。文約辭微出類芳。
圖議朝廷明治亂。折衝樽俎善詞章。茂才自古常攖謗。正抑邪揚泰運傷。

其二

賢良謫宦徙沅湘。國事湣湣浪轉狂。初昧張儀毀約縱。旋依鄭袖揖秦狼。
武關明是亡身路。廊廟寂無逆耳勵。太息懷王絕異域。萬民哀怨失津梁。

勸幼子振輝勤學詩

韶光逝去永難收。轉眼兒年念四秋。應勵鵬摶競上進。莫教航向迷中流。
讀書信守三餘則。立志標竿百尺樓。雁塔題名無倖致。補苴罅漏急從頭。

其二

年少嬉荒老大哀。好花幾見向春開。百家六法精鑽研。三省九思戒蕩駘。
富貴皆由勤裡得。功名必自苦中來。果能積學實胸臆。藻鏡何愁吝選裁。

【註釋】

①民國七十四年，振輝兒就讀東吳大學法律系二年級，希望於畢業後，能順利考取司法官，學以致用，爲國服務。

②鵬摶：摶，聚也。言聚風力而高舉也。莊子逍遙遊：「鵬之徙於南冥也，水擊三千里，摶扶搖而上者九萬里。」又徐鉉詩：「萬里看鵬摶」。

③三餘：三國魏董遇，嘗謂學者讀書當以三餘曰：「冬者歲之餘，夜者日之餘，陰雨者時之餘也。」

④百尺樓：喻地位之崇高。東漢陳登，字元龍。舉孝廉，建安中，爲廣陵太守，忠亮高爽，有扶世救民之志。蘇軾詩：「懶臥元龍百尺樓。」

⑤雁塔題名：古進士及第之謂。

⑥補苴罅漏：謂彌縫缺漏也。韓愈進學解：「補苴罅漏，張皇幽眇。」

⑦鑽研：精究義理之謂。又「研」字有兩種讀法，一讀「妍」，爲下平聲先韻。一讀「硯」，爲去聲霰韻。在此因平仄關係，應讀「硯」。

⑧三省：曾子曰：「吾日三省吾身，爲人謀而不忠乎？與朋友交而不信乎？傳不習乎？」

⑨九思：論語：「君子有九思：視思明，聽思聰，色思溫，貌思恭，言思忠，事思敬，疑思問，忿思難，見得思義。」

⑩蕩駘：耽恣也。放縱性情之意。
⑪富貴皆由勤裡得：馮孟龍醒世恆言：「富貴本無根，盡從勤裡得。」
⑫藻鏡：與藻鑑同義。指考選官而言。

第二節　對　聯

一、輓聯：

前山東省政府主席何思源輓張靈甫軍長聯

志決身殲，細柳欽蔭孟良崮。
功成名在，沙場歸骨馬伏波。

張軍長爲抗戰名將，民國三十六年，在山東魯南「孟良崮」地區，被共匪人海包圍，激戰三晝夜，終以寡不敵衆，全軍覆歿，壯烈成仁。

前銓敘部長雷法章先生中元節悼祭大陸死難同胞聯

回首故國雲山，愴心嬴秦苛政，闖賊兇殘，忠義無因罹大辟。
賦誄中元時節，行見宗澤誓師，祖逖擊楫，欃槍盡掃慰貞魂。

廖桂丹女士輓亡夫胡森垚律師聯

一生盡瘁心力，勞役妻孥；愧我長相遠離，有虧佽襄，點滴前塵皆是淚。
五夜噩耗驚傳，憑依遽傾；椎心未同殞滅，隨侍泉壤，悲涼來日祇由天。

年僅四十九歲之胡森垚律師，於民國七十四年五月十七日凌晨，遭歹徒刺殺三十八刀，慘死於台北市延平南路自宅臥室內，遇難時，其妻廖桂丹及稚齡子女四人，均僑居美國。聞後兼程返國，痛不欲生。

前中央警官學校校長李士珍先生輓德配謝蓮波夫人聯

六十載患難相隨，方期燕居布素，共娛庭桂階蘭，頤養餘年長伴助。
一霎間人天永隔，忍看鴻案妝臺，空留青燈明月，傷心白首不同歸。

潘玉峋先生輓謝蓮波師母聯

慈愛無間子侄，每詣門牆，長記手牽寒暖問。
悲淚展奠靈幃，追懷母德，那堪望斷音容遙。

潘先生中央警官學校正科二期畢業。自南京、重慶、以至播越來台，經常趨詣萱堂探候，深受李師母鍾愛。

潘玉峒先生輓台北工專歷史學教授張效乾聯

綜平生志業，爲中興育才，爲正學揚芬，文苑士林崇物望。
論故舊淵源，是庠序同硯，是枌榆莫逆，暮雲春樹悼鄉賢。

㈠正學：正統之學，史記儒林傳：「務正學以言，無曲學以阿世」。㈡庠序：古時鄉學之名。㈢枌榆：猶言同鄉，與「桑梓」同義。㈣暮雲春樹：杜甫憶李白詩：「渭北春天樹，江東日暮雲。」㈤潘、張兩先生係高中同學，又同爲江蘇人。

潘玉峒先生輓前江蘇省政府主席丁治磐聯

是枌鄉耆宿，是黨國元勳；廿載鞭鐙追隨，提攜樾陰偏厚我。
以勞謙飭躬，以仁德馭眾；一朝梁棟傾折，愴懷典則盡哀思。

中央警官學校正科十五期旅台同學輓于景泰老伯聯

與哲嗣契叶苔岑，教誨夙分霑，嶽峙淵渟同景仰。

悵靈椿蔭歛蘭陔，儀覿今頓失，鵑啼鶴唳倍淒其。

于景泰老先生，係同期同學于春艷學長尊翁。

二、嵌字聯：

台灣警察專科學校「忠愛亭」楹聯

忠以報國先，衛道尊經宏化育。

愛由安民起，詰奸禁暴作干城。

台灣警察專科學校「中正亭」楹聯

中和育菁莪，砥節礪行纘道統。

正大肅綱紀，安良除暴固邦基。

以上兩副對聯文義，上聯為警察教育之「體」。下聯為警察教育之「用」。又忠愛亭為陳立中校長任內所興建。中正亭係季錫斌校長任內所興建。命名立意，俱極深遠。

渺廬居裝裱公司聯

渺沔才華，雲山添秀。

廬居妙手，翰墨增輝。

此一對聯，係同期同學劉嘉棟兄囑代撰。

華祥先生新廈落成誌慶聯

華國大文章，駿業鴻圖起白手。

祥雲凝甲第，光前裕後耀南疆。

李華祥先生爲馬來西亞華僑，經營百貨批發生意。其關係企業，遍布東南亞各地。白手起家，致成巨富，民國七十八年間，僑居地豪華別墅落成，好友胡饒文兄囑代撰嵌字聯致賀。

第三節　題　詞

台灣航業公司臺隆輪命名下水頌詞

鯤島蕃阜。海運是憑。台航舳艫。體用功宏。

民生利賴。戰備兼膺。信譽緝熙。中外蜚聲。
新輪添建。命名臺隆。開來繼往。肸蠁感通。
精誠團結。共奮蛟騰。鴻圖丕展。盛業觀成。

台灣航業公司臺雄輪命名下水頌詞

國基磐固。海運功宏。暢旺貿易。經濟滋榮。
民生樂利。通惠商工。維我台航。獻替豐隆。
爲壯船隊。新輪聿增。勗爾積健。命名臺雄。
鵬摶共勵。破浪乘風。六龍叶吉。懋積觀成。

臺隆、臺雄兩艘遠洋多用途貨櫃輪，同於民國六十八年建造。每艘造價美金一千三百萬元，載重量各爲二萬八千噸，兩輪構造規格完全相同。爲台航公司姊妹輪。

台灣航業公司臺華輪命名下水頌詞

猗歟臺華。海運遞膺。梯航行旅。陳設新穎。
貨載容量。體積寬閎。安全舒適。遐邇葵傾。

欣逢令典。日麗淵澄。祥開吉旦。慶溢南溟。
朂爾鷁舉。破浪乘風。利民裕國。丕彰盛名。

台灣省政府爲改善台澎海上交通，特斥資新台幣八億元，委由日本林兼船渠株式會社承造高馬線豪華客貨兩用運輪輪一艘，並承邱創煥主席命名「臺華」輪。

耿仙洲老先生九十冥壽追念詞

巍峨泰岱。道義尼山。鍾靈毓秀。代出名賢。
七七變起。初慶瞻韓。叨蒙不棄。誼結忘年。
其爲人也。性行孝廉。謙沖平易。寧靜致遠。
太丘道廣。襟期莊嚴。望重閭閻。博濟名傳。
倭寇犯境。捐帛獻槍。衛鄉保國。義骨俠腸。
創設醫院。造福桑邦。痌瘝在抱。功同良相。
熱腸古道。遐邇共仰。清操雅度。縈懷難忘。
遽歸道山。人琴俱亡。撫今追昔。黯然神傷。
哲嗣殿棟。志業肅將。燕翼貽謀。光大有方。

精研醫學。負笈扶桑。榮獲博士。譽滿枌鄉。
醉心藝術。攝影尤長。構圖生動。曝光精良。
運思創作。格調軒昂。蜚聲中外。姓字芳香。
祖德世澤。先緒恢張。靈其有知。應慰泉壤。
行述稠疊。掛漏難詳。爰綴鱗爪。託訴俚章。

歲次癸亥　魯桓張伯言拜撰

黃天中博士榮升美國奧大副校長賀詞

謙謙俊彥。操履冰霜。學術淹貫。振鐸殊方。
交流文化。心繫炎黃。澤沾多士。中外名揚。

美國奧克拉荷馬市大學與台灣警察專科學校結爲姊妹校之原始聯絡人，爲黃天中博士。黃先生當時任奧大亞洲學院華籍院長，嗣升任奧大副校長。黃副校長民國七十四年十一月間返國時，警專校長季錫斌特邀請蒞校演講，並致贈紀念牌一面，以答謝其致力中美文化交流之盛情。

榮公校長調任警政署副署長去思頌詞

季校長錫斌先生於民國七十三年十二月出任本校校長以來，已三年又三閱月矣。溯維到任伊始，適値本校變更行政體系，並依法改隸於內政部。由於學校改制升格，其教育訓練領域，遂擴及台北、高雄兩院轄市，與福建省金門、馬祖兩自由地區。因而學校教育設施，亟應適時增益，以資因應。惟茲事體大，經緯萬端，推展運作，殊非易易。先生迺與有關執事同仁，夙興夜寐，共策進行。關於政策設計，則審時察用而躬親；至於事務處理，則計日程功以督衆。綜理密微，細大不捐。期年後，舉凡軟體之教育設施，與硬體之工程興作，俱各按步就班，次第完成。綜其犖犖大者：一、改建學校大門及圍牆。二、興建約四〇〇〇人用水之大型儲水池。三、闢建靶場三處。四、增建學生家長接待室。五、興建可容四〇〇〇名學生集會或體育活動之中正堂（綜合活動中心）。六、興建可容三〇〇〇人用膳及九六〇名學生寢室之樂育大樓。七、興建教學大樓，計有教室二六間，可供一五〇〇人上課。八、增建教學勤務機構。凡此新建工程，類皆　先生精心擘劃與嘔心瀝血之結晶也。昭然入目，益增去思。次爲蒞任之初，首先於校園後山，闢建莊嚴肅穆之中正亭一座。並書題聯語曰：「中和育菁莪，砥節礪行纘道統；正大肅綱紀，安良除暴固邦基。」雖言簡詞約，然其公忠體國之赤忱，與夫弘道樹人之襟期，殆已彰顯無遺矣。復次爲治校期間，爲加強學生精神教育，曾親手編撰「修身歌」、「興隆崗進行曲」、「見賢思齊錄」、「嘉言彙粹」等述作。其中最足稱頌者，厥爲「嘉言彙粹」一書。全書內容，分爲立志修身、求知治學、涵養省察、倫理人際、處事接物、爲政從公、領導統馭、其他，共八個系位，都嘉言三千三百餘則。對於學生品節之淬礪，與臨民應事之啓導，肸蠁深遠，裨益至大。以上諸端，僅爲撮要記述。蓋以懋績稠疊，固難盡窺全豹也。當茲榮膺新命，驥足高逸之時，欣逢一元復始，慶紀龍歲之靈祥；同欽三年有成，謹綴俚章以獻頌。

台灣警察學校全體師生敬獻

中華民國七十七年歲次戊辰新春吉旦

【註釋】

①審時察用：管子牧民篇：「審於時而察於用。」

②肸蠁：肸：蠁布也。蠁：知聲最捷之虫也。漢書司馬相如傳：「衆香發越，肸蠁布寫。」謂聲響四布，靈感通微極爲快速之意。

③固難盡窺全豹：喻所見不廣也。晉書王獻之傳：「管中窺豹，特見一斑。」言從管中窺豹，僅

見一處之斑文，而不及全豹也。

④龍歲：龍爲靈祥之物。禮禮運：「麟鳳龜龍，謂之四靈。」民國七十七年，爲龍年。

⑤三年有成：謂政成事舉之最速時限也。論語：「苟有用我者，三年有成。」因季校長到卸任時間，恰爲三年三閱月，故予引喻。

第四節　祭　文

台灣省政府主席黃杰祭故海軍上將沈鴻烈先生文

維

中華民國五十八年三月廿二日，台灣省政府主席黃杰等謹以清醴香花之儀，致祭於成公

國策顧問之靈曰：

緊維先生。天縱英明。志慕定遠。投筆從戎。水師精研。負笈東瀛。

學成歸國。參預同盟。創立海校。作育精英。明恥教戰。爲國藩屏。

出主魯浙。來暮歌興。入贊樞府。訏謨化行。溯長農林。屯墾是經。

民豐物阜。大有歲登。洎長吏部。任賢使能。陟降陟黜。銓衡嚴明。

綜公勳業。光昭史乘。神州未復。梁木忽傾。將喪大樹。國失干城。萬里布奠。雪涕臨風。靈其不昧。來格來歆。嗚呼哀哉。尚饗！

前農林部同仁祭沈故國策顧問鴻烈先生文

維

中華民國五十八年三月廿二日，前農林部政務次長雷法章等謹以清酌香花不腆之儀，悼祭於沈前部長成章先生之靈曰：

猗歟上將。命世之英。綺年入泮。發軔雲程。服膺革命。早隸同盟。資兼文武。學貫西中。治軍渤海。樓船陣橫。殲彼醜夷。功業彪炳。主政魯浙。編氓熙寧。其來何暮。甘棠頌興。出長農林。首重墾耕。開發利用。厚裕民生。糧食增產。倉廩實盈。口碑載道。遺愛郁濃。中樞國策。正倚老成。胡天不弔。遽而騎鯨。鯤瀛布奠。悲愴涕零。公有靈兮。鑒此愚誠。嗚呼哀哉。尚饗！

故國策顧問雷法章先生治喪委員會祭文

維

中華民國七十七年九月三十日，治喪委員會主任委員孔德成偕同全體委員謹以香花清醴

致祭於

雷故國策顧問法章先生之靈曰：

猗嗟先生。黨國耆英。道纘洙泗。學貫西中。年甫而立。出掌教柄。

黌宇普設。化雨渥濃。循聲載道。膠澳揚名。七七變起。抗戰軍興。

魯浙省府。首輔分膺。訏謨碩畫。獻替豐隆。賢能上聞。迭獲洊升。

農林內政。先後翼丞。新田墾殖。厚裕民生。杖節外蒙。壇坫奏功。

行憲肇始。出弼試院。考銓典章。丕基斯奠。洎長銓部。勳華益顯。

三法董脩。公保創建。為國羅材。儲備楨榦。登崇俊良。銓衡明嚴。

畢生忠勤。不計歲年。懋績昭著。永耀史篇。神州板蕩。世事蜩螗。

中樞國策。正倚翊襄。胡天不憖。遽殞棟梁。逝川莫挽。惄焉神傷。

嗚時哀哉。尚饗！

故國策顧問雷法章先生家祭文

維

中華民國七十七年九月三十日不孝彬生、文生、愛玲、愛珞、愛蓮、愛珠等遵奉慈命，

謹以香花素果跪祭於

先考諱法章府君之靈前曰：嗚呼！吾父竟棄我兄弟姊妹而長逝也。兒等從此永抱鮮民之痛，而長爲無父之人矣！追維生我育我之大恩兮，情重蔭濃。平居燕語之言教兮，常以務本相叮嚀：興家立業兮，尚儉習勞。立身處世兮、誠正謙恭。從公奉職兮，守法務實。隨分報國兮，達權守經。定志定向而自強不息兮，貴能愼始而敬終。昆季以德業相勸兮，互助共勵而相與依憑。凡此語重心長之庭訓兮，定當銘之於心而見諸於行。正期春長日永以圖上報兮，豈意一病不起而遽訣幽明。舐犢情景宛在，反哺意願成空。椎心泣血兮，百身莫贖。呼天擗踊兮，何適何從。淒淒秋聲，愴風木其哽咽。冥冥泉路，悲長夜之無明。嗚呼哀哉！伏維尚饗！

第五節 序文

一、書序：

嘉言彙粹序

古商籍盤庚，嘗有箴言之記述：周書國語，亦多故實之采錄。厥後，歷代仁德帝王、天縱聖哲，與夫正學名儒之箴銘規鏡，史不絕書，無代無之。考其篇章卷帙，雖林林總總，浩如煙海，然其於闡揚中華文化，與端正世道人心者，則一也。錫斌自求學時代，即對古聖前賢之名言嘉句，頗有閱讀興趣，誦其言如見其人，心竊慕之。及長服務社會，復將得之於心者，見之於行，從而爲人處世，獲益實多。迨受命承乏台灣警察學校校政以後，因凜於職責之重大，輒時以薪傳而自矢。爲期莘莘學子，俱能沈浸警教，磨礪堅貞，爰利用公餘之暇，將數十年來之閱讀劄記，暨在校歷次精神講話所參閱之史料，鉤玄提要，彙輯成帙，並區分爲立志修身、求知治學、涵養省察、倫理人際、處世接物、爲政從公、領導統馭、其他。共八個系位，都嘉言三千三百餘則。全書內容，類皆立身養志之矩矱，與輔世長民之指針。言約旨遠，體用兼備。苟能於在校之日，以之脩業而進德，卒業之後，賴之以蹈厲而任事，進而日就月將，篤行弗懈，庶可與情洽熙，臻社會秩序於安謐，奸究向化，固國家礎石於苞桑。斯爲編纂本書之初衷與大願也，願諸生勤加研讀，幸勿以通常故紙目之。又本書詞翰繁縟，間有部份文義，涵蓋層面較廣，明確之界分不易，歸類未盡週適。復因付梓倉卒，排印勘校，舛誤難免。是爲序。

中華民國七十七年一月

校長　季錫斌識　於台灣警察學校

【註釋】

①盤庚：盤庚爲商朝第十九世帝王名。在位時，遵湯之德，行湯之政，商道復興。崩逝後，百姓思其仁德，因將其告諭人民之書，作盤庚三篇。故盤庚亦爲書篇名。

②箴言：即訓論規戒之言也。盤庚上：「猶胥顧於箴言。」

③國語：書名。爲周朝左丘明作。韋昭國語解序曰：「丘明采錄前世穆王以來，下訖魯悼智伯之誅，以爲國語。」

④故實：與固實同義。國語周語：「賦事行刑，必問於遺訓，而咨於故實。」

⑤天縱：謂天所縱任，不限量其所至也。論語子罕：「固天縱之將聖。」周書武帝紀：「稟純和之氣，挺天縱之英。」

⑥正學：別於異端曲學而言。史記儒林傳：「務正學以言，無曲學以阿世。」

⑦箴銘：爲古文體之一。文心雕龍箴銘：「夫箴誦於官，銘題於器，名目雖異，而警戒實同。」故後世每謂警戒之文曰箴銘。

⑧規鏡：言具規箴可爲鑑戒也。文心雕龍才略：「傳言篇章，義多規鏡。」

⑨薪傳：與傳薪同義。謂師生傳授衣碗之要道也。義即傳火於薪，前薪盡而火猶傳於後薪也。莊子養生主：「指窮於爲薪，火傳也，不知其盡也。」

⑩矩矱：法度也。楚辭哀時命：「上同鑿枘於伏戲兮，下合矩矱於虞唐。」

⑪輔世長民：謂匡助世人也。孟子公孫丑：「輔世長民莫如德。」

⑫日就月將：就，成就。將，行也。詩經周頌：「日就月將，學有緝熙於光明。」疏：「日就，謂學之使每日有成就。月將，謂至於一月則有可行。」

⑬輿情：民心也，大衆之感情也。

⑭奸宄：謂犯法作亂者。奸與姦同義。書舜典：「寇賊姦宄。」傳：「在內曰姦，在外曰宄。」

⑮苞桑：苞，本也。謂凡物繫於桑之苞本，則牢固也。易否：「其亡其亡，繫於苞桑。」

⑯故紙：言書籍也。陳傳良詩：「孰與課兒翻故紙，幾曾緣客掃精廬。」

⑰詞翰：謂詞章也。遼史劉仲傳：「仲少穎悟，長以詞翰聞。」

⑱繁縟：猥多華盛之意。文選曹植七啓：「步光之劍，華藻繁縟。」

台灣警專應用文教材弁言

一、臺灣警察專科學校，爲培育臺灣與金馬地區各級警察機關警佐二階以下警察幹部之國立學府。新任校長李樹鈺先生，爲強化教育功能，提高警察素質，以配合警政建設之推展，爰於革新校政之通盤計畫中，特將編修教學教材，列爲重點項目之一。此爲編撰本教材之緣自也。

二、本教材編撰之主要目的：一爲依照政府法令規定，正確講授公文之製作方法與要領，期使本校畢業學生於參加警察特考時，順利通過公文考試，以取得警察人員合法任用資格。二爲選輯警察專業文書實例，灌輸在校學生對於專業文書處理之基本知識，俾於服任公職時，俱能隅反類推，會通肆應，以達成學校教育與警察實務相結合之教學要求。

三、本教材公文部分之理論基礎，係以民國六十二年十一月三日 總統令修正公布之公文程式條例爲基本依據。次以與公文有關之憲法、刑法、公務員服務法、公務員懲戒法、中央法規標準法之相關規定爲輔助解說。至於公文之結構形式、正文作法，以及撰擬公文應注意之事項等，則以行政院民國七十四年三月訂頒之事務管理手冊内公文製作之有關規定爲準則。

四、本教材泛述警察專業文書之參考資料，係編者分別面向内政部警政署副署長兼臺灣省政府警務處處長于春艷學長、刑事警察局前盧局長金波、臺北市中山警察分局前果分局長水、南港警察分局前鄭分局長厚堃洽索。關於警察專業文書實例，則參據中央警官學校陳佳德先生所編著之警察應用文書，進而考量基層警察勤務機構之實際需要，衡酌刪拾，選錄編列。

五、應用文之範疇，極爲廣闊，種類亦叢雜猥多。國內各大專院校教學領域，除講授公文外，尚旁及規章、信守文書、暨題詞、對聯、慶賀文、祭弔文等私人應酬文。本教材基於學分與實用之雙重考慮，經商承張教育長裕華先生面示，僅編述公文、警察專業文書、書信、便條與名片等四類。餘則從略。

六、本教材之取材，雖經編者廣搜博羅，並斟酌實用，悉心剔抉，惟愧才疏學淺，且時間過於迫促，故於綴慮裁篇，與結言釋義，俱恐雜沓失統，紕繆難免。至望方家不吝指正爲幸。

編著者　張叔霑　謹識

中央警官學校正科十五期旅台同學紀念冊序

中央警官學校正科十五期同學，入校於四川重慶，時值強鄰壓境、國步艱屯之際。畢業之年，雖喜逢抗戰勝利，九土重光，詎意禍起蕭牆，未幾，神州又告沉淪矣。同學等發軔甫始，何境遇轗軻如是耶！殆正因相與顚躓於患難，乃能友情貞固，而歷久弗渝也。自大陸赤化後，相繼來台同學，將近百人，四十餘年來，彼此聲氣相通，從未間斷。最初爲同學個人定期聯誼，旋又改爲夫婦二人連袂參加，嗣復歡迎全家老小一齊與會；由於家屬人口逐漸增加，於是場面愈來愈大，人數愈集愈多。邇近每次聚會，欣見男女老幼，薈萃一堂，熙熙融融，熱鬧非凡，誠盛事也。

七十七年十二月間，在台中聚會聯誼時，于春艷學長倡議編製旅台同學紀念冊，經全體鼓掌贊成後，並一致推請李緒華學長負責編輯。現紀念冊已編製完成，其內容目次，共有二十項之多，資料旁徵博羅，涵括範圍綦廣。運思周密，設計精良，意義深遠，彌足珍貴。謹就體認所及，提陳芻蕘數端，諸維察參。

一、重溫學校生活：學生生活單純，爭名逐利煩憂少，把臂開心樂事多。諸如課餘飯後、夜雨聯床、或於例假結伴外出之時會，總是海闊天空，口無遮攔，幽默打趣，妙語如珠。其人事時地雖殊，其開心效果則一。至若母校「誠仁公」之精神教育，厥爲吾儕立身處世、樹業植基之大本。證諸多年來之歷驗，確乎得道多助，受用無窮。凡此前塵往事，果能一一回憶與溫馨，必可快心適志，意興盎然，對於豐富生活樂趣，裨益至大。

二、珍惜身心健康：目前旅台同學，在政府機關任職者，十之八九已屆齡退休，從事其他行業者，亦皆年齒相若。人到投老之年，最忌息交絕遊，自我封閉；吾同期同學中，吹拉彈唱、琴棋書畫之異才，以及通古達今、能説善道之名嘴，濟濟林林，俯仰皆是。如感煩悶無聊時，大可各本興趣所好，或專程造訪，或電話邀敘，進而持之以恆，常相過從，定能心胸開朗，神采飛揚，還我青春二十年焉。

三、啓導後昆濟美：古諺云：「一輩同學三輩親。」吾同學異代子姪，仕途顯達者有之，商場得意者有之，學業秀出者亦有之。我等既親如兄弟，情同手足，深望善加曉喻啓導，期使後昆輩俱能踵武繼軌，聯爲益友，在事業前途上，彼此如驂靳之相依，爾我如桴鼓之相應，攜手並肩，鵬搏互勵，以共同創造絢爛美好之前程。

本紀念冊編製既成，謬承于春艷、李緒華學長分別屬撰序文，聞後惶恐無狀。蓋以同期同學中，國學根柢深厚者甚多，固無俟拙騃之謰謱。然推辭再三，苦不獲已，爰雜湊俚語如上，尚祈諸學長不吝教正爲幸。謹序。

中華民國七十九年首夏張叔霑序於台北寓所

二、壽序：

于景泰先生百齡華誕壽序

達尊尚德，宜純嘏之天錫；美意延年，喜鴻庥其雲集。中華民國七十六年農曆五月三日爲于公景泰先生百齡覽揆之辰。年衍大齊，洵是一門之景祥；慶燭南州，傳爲萬户之佳話。人如松柏長春，壽與山河並永。人瑞國瑞，猗歟休哉。晚等遠託大蔭，久親謦欬。原議依循時俗，稱觴祝嘏。嗣恐有悖謙德，或見阻於婉卻。爰賡天保之歌，用代桃樽之頌。禮所應爾，伏冀察納。

公山東莒縣人也。山東境内，北環洋洋黃河，南峙巍巍泰岱。山崇川大，地靈人傑。惟是，古有文聖之出，化興洙泗；代有武烈之盛，光昭廟堂。典籍備載，信非溢美。莒地，爲戰國年代齊國之名城。近今朝野憂時人士，習引田單「二邑復齊」之史實，用勵薪膽。其所言之二邑，一爲魯東即墨，一即今之莒縣。蓋以人因地名，地以人勝，故附益述焉。

公世居孔孟聖域，誕自書香門第，由於耳目所接，自幼酷嗜儒學。六歲時，從叔祖淑臣公讀三字經、弟子規、幼學等書。稍長，先後從孫瑞亭、盛杏林、李文卿諸名儒讀四書五經與詩文之習作。眞積力久，薰濡聿深。及冠，鑒於中國醫學，理路精邃，療效靈驗，復兼治岐黃之學，勤研仲景之論。回生有術，澤及周親。民前四年，因自感軀體羸弱，輒禮聘河北名武師趙子文先生授以拳、劍、刀、棍等武藝。三易寒暑，盡得眞傳。今壽躋期頤，而猶復腰腿勁健、步履輕盈者，應爲當年武學基礎之賜也。民前六年，公目睹清廷之腐敗，心傷列強之欺凌，國勢阽危，憂心如焚。適同盟會黨人入魯活動，因經人介紹加入同盟會，並領得會員銅牌一面；自此接受組織指導，秘密從事革命工作。洎中國國民黨正式組黨後，再加入國民黨，以迄於今。民國十八年，感於家鄉附近二十餘村，無一所國民小學，對於民智之啓迪，窒礙綦大。乃捐出西學屋別墅一處，成立私立牛家村初級小學，並親自籌釀開辦費及教師薪資。嘉惠學童，功在地方。民國二十年，被推選爲轄有八十個村莊之馬顧屯鄉鄉長。後經連選連任，直至省府西遷安徽阜陽，始得辭卸仔肩。殆亦眾望所歸故也。民國二十三年，黃河氾濫爲災，沿河各縣，盡成澤國，哀鴻遍野，嗷嗷待哺。尋相繼至莒縣避難者，數以千計。縣府及時成立救災委員會，公被指派爲委員，並兼任難民收容所所長。任事期間，以己飢己溺之心，存撫賙恤，眷顧備至。其愷悌仁愛之德行，災黎永矢弗諼。民國二十六年，七七變起，日寇披猖。同年冬，莒縣縣城淪陷。僞縣長曾利誘出任縣維持會會長，經峻拒後，險遭不測。嗣隨我政府許縣長樹聲轉入山區，展開抗日游擊聖戰。民國二十九年，復受聘爲縣經濟委員會委員，負責監督發行田賦券，整理戰區財政，以供應縣府經建開支及抗日部隊糧餉之需。理繁任鉅，措置咸臧。民國三十四年，扶桑衄降，國土重光。方慶抗戰勝利，詎意赤眉亂作，神州又告阢隍矣。公義不帝秦，遂於三十七年底東渡來臺。茲旅臺已四十年整，雖人處偏安樂土，然心則永繫故國之殄瘁。松筠勁節，歲寒益茂。公學殖淹博，懿行稠疊。惜文思譾陋，固難闡發盡致，而深中肯綮也。

綜　公學行軌躅，平居則存養省察以愼獨，應事則定靜安慮以明性。視聽言動準諸禮，忠信篤敬反諸身。守正存誠，肅循中道。至其待人接物，則寬厚有容，務求四時氣備；廉介不苟，所懼一里撓榷。居仁由義，無怍於天人；尊道貴德，悉合乎禮法。宜其形動影附，博枌鄉之峻望；品端學粹，洵濁世之清淵也。嘗記漢書董仲舒傳有云：「正其誼不謀其利，明其道不計其功。」方之吾　公，庶幾近馬。

公男女公子各二。令長子春和，業商。卓然有成，蜚聲闤闠。令季子春艷，現任內政部警署副署長。顧自受命以來，贊襄署務，必憚夫忠勤；協和寅僚，俱披乎腹心。劃策建言，事事以警政建設爲取向；操危慮患，拳拳以國家安全爲依歸。有爲有守，惟精惟壹。貞固其行，聲華丕著。令長女春蘭，適陳松。令季女春環，適于家駒。率皆勤修婦職，賢稱戚黨。孫五人，男三女二。依齒序爲達順、嘉順、運順、隆順、珍順。長孫達順，業商。次孫嘉順與長孫女運順，同在比利時魯汶大學深造。嘉順修環境工程學博士。運順修醫學碩士。季孫隆順，在國內光武工專機械工程科肄業。幼孫女珍順，在台北市雙連國小就讀。曾孫三人，俱各頭角崢嶸，蘭階挺秀。欣見父志祖謨，胥能紹述於奕葉；子孝孫賢，蔚爲詩禮之家風。一門美盛，萬事順遂。斯皆庭訓默運之功也。茲者，臺澎溥五政之仁，民殷國富；旄鉞煥一統之象，士飽馬騰。王師待發，收京在望。所願鄉國言旋，再壽魯殿千秋；杖履伴隨，共賞齊煙九點。

中華民國七十六年歲次丁卯仲夏　吉旦

本壽序之書寫人，係由姚夢谷大師敦請名書法家吳金城先生揮毫。署名祝壽人員，計有現任中央警官學校校長顏世錫、警政署署長盧毓鈞、臺灣警察專科學校校長呂育生、立法委員曹爾忠、暨現、卸任之高、中級警官共一三一人。

【註釋】

①達尊尚德：孟子公孫丑篇：「天下有達尊三，爵一、齒一、德一。」又禮中庸：「故大德，必得其壽。」純：大也。受福日嘏。魯頌閟宮：「天錫公純嘏。」

②美意延年：荀子致仕篇：「得衆動天，美意延年。」鴻：大也。庥：蔭也，休美也。雲集：如雲之集，言際會之盛也。如：「千祥雲集。」

③覽揆：楚辭離騷：「皇覽揆于初度兮。」後人因稱生日日初度，又日覽揆。

④年衍大齊：年，壽也。衍：延伸、延長之意。大齊：列子楊朱：「百年，壽之大齊，得百年者，千无一焉。」

⑤慶燭南州：慶：吉慶也。燭：照也。南州：南州或南海，泛指我國南方近海之地，如福建、廣東、台灣等省是也。

⑥謦欬：喻言笑也。

⑦天保之歌：天保：爲詩經之篇章名。詩小雅天保篇：「如山如阜，如岡如陵，如川之方至，如月之恆，如日之升，如南山之壽，如松柏之茂。」以上各句，共有九個「如」字，故亦曰九如歌。世人習用天保或九如爲祝壽之詞。

⑧桃樽之頌：漢武內傳：「七月七日，西王母降，命侍女索桃果，須臾，以玉盤盛仙桃七顆，以呈王母，母以四顆與帝，三顆自食。」曰：「此桃三千年一生實。」今俗本此，謂祝壽之酒曰桃樽。

⑨化興洙泗：洙泗，魯二水名，孔子曾在此設教，故世人言魯之文化，遂以洙泗爲代稱。

⑩眞積力久：荀子勸學篇：「眞積力久則入。」眞，誠也，專心也。力是力行。入，謂能深入於學。

⑪岐黃之學：岐是岐伯，黃是黃帝。中醫學家，奉以爲祖，並稱岐黃。帝王世紀：「軒轅咨於岐

伯，更相問難作內經。」

⑫仲景之論：東漢張機，字仲景，靈帝時，官至長沙太守。著有傷寒論行世。後世習中醫者多宗之。並多謂：「張仲景傷寒論。」

⑬周親：至親也。書泰誓：「雖有周親，不如仁人。」

⑭存撫賙恤，存撫，存問撫慰也。賙恤，以財物救助人之急難曰賙恤。

⑮永矢弗諼：諼忘記也。詩衛風：「獨寐寤言，永矢弗諼。」謂永遠不能忘記之意。

⑯阢隉：動盪不安貌。周書：「邦之阢隉。」

⑰殄瘁：殄，盡也。瘁，病也。詩大雅：「人之云亡，邦國殄瘁。」

⑱松筠：松與竹也。世人習謂忠貞曰松筠之操。亦爲歲寒不凋之義。儲光羲詩：「節操方松筠。」

⑲學殖：殖，生長也，言學之進德，如農夫之殖苗也。左傳：「夫學，殖也。」

⑳肯綮：謂筋骨結合處也。莊子養生主：「技經肯綮之未嘗。」今人每謂說理言事扼要者，曰深中肯綮。

㉑軌躅：軌：車轍也。躅：足跡也。漢書敘傳：「伏周、孔之軌躅。」

㉒存養省察以愼獨：出自中庸：「次言存養省察之要。」謂存心養性，反省檢點之意。孟子盡心：「存其心，養其性。」愼獨：「故君子必愼其獨。」

㉓定靜安慮以明性：大學：「知止而后有定，定而后能靜，靜而后能安，安而后能慮，慮而后能得。」明性：中庸：「天命之謂性。」謂天所賦予之稟性，原本是善，人應戒愼恐懼，愼防爲物欲所蒙蔽引誘，而變爲不善。

㉔視聽言動準諸禮：論語：「非禮勿視，非禮勿聽，非禮勿言，非禮勿動。」乃孔子教顏回爲仁之言。

㉕忠信篤敬反諸身：論語：「言忠信，行篤敬，雖蠻貊之邦行矣。」反諸身：即反求諸己之意。

㉖中道：泛言中庸之道，中正之道也。

㉗四時氣備：世說新語：「褚季野雖不言，而四時之氣亦備。」此爲晉謝安讚譽褚裒之語。謂其人格圓滿，有謙沖簡貴之風。

㉘一里撓椎：猶言衆口鑠金也。淮南子說山訓：「三人成市虎，一里能撓椎。」即謂一里之人，皆言能屈椎者，人則信之。亦爲人言可畏之意。

㉙惟精惟壹：謂精心一意，信執其中正之道。書大禹謨：「惟精惟一，允執厥中。」

㉚奕葉：猶言累代也。與奕世同義。紹述：與承傳同義。

㉛詩禮：出自孔子訓子伯魚之言。論語：「不學詩，無以言，不學禮，無以立。」

㉜五政：管子四時篇：「發五政。」謂興農桑、審好惡、宣文化、立武備、明賞罰。

㉝旄鉞：爲三軍統帥所用之儀仗。書牧誓：「左杖黃鉞，右秉白旄。」諸葛亮傳：「親秉旄鉞，以厲三軍。」

㉞魯殿千秋：魯殿：即魯靈光殿也。文選魯靈光殿賦序：「魯靈光殿者，蓋景帝程姬之子恭王餘之所立，遭漢中微，盜賊奔突，自西京、建章、未央之殿，皆見隳毀，而靈光巋然獨存。」後因稱年高德劭，而碩果僅存者，曰魯殿。或魯靈光殿。

㉟齊煙九點：李賀夢天詩：「遙望齊州九點煙。」按九州本高下不齊，如憑高俯視，則一覽入望。既無高下，且至渺小如煙。又山東濟南千佛山半山腰有「齊煙九點」坊，爲濟南八大景之一。本文原意，從此說。又「魯殿千秋」與「齊煙九點」兩典故之引用，蓋因壽翁係山東人，而山東亦稱齊魯，故借用帶有齊魯二字之對仗句，嵌於祝壽詞中，較爲貼切也。

張伯言先生八秩榮慶壽序

益壽惟仁，不假芝田靈藥；延年以德，寧賴瓊廚膏粱。況鄉黨同欽穆行，品重珪璋；閭閻咸懷遺愛，功在枌榆也。中華民國七十九年農曆十月二十六日爲　伯言先生八秩覽揆令旦。當茲極耀中天，彩煥瑤圃之會，年登大耋，慶衍桑弧之時，能無介壽之稱觴，以頌遐齡之人瑞乎。

先生山東人也。世居桓台縣迎仙官莊，詩禮傳家，珂里望族。令大父子綱公，業習岐軒，澤被周親。令尊正森公，先緒克紹，勤農事以治家；令堂孫太夫人，閫德聿修，肅鍼黹而佐助。先生髫齡失恃，鞠育顧復，唯父是依。緣於庭訓啓迪，夙懷報國之志，尤切立人之忱。是以於山東省立益都師範高師部畢業後，遂即加入中國國民黨，並積極從事黨務活動，及學校教育事業。振鐸庠序，陶鑄菁英，成德達材，功在黨國。

民國二十六年，七七變起。先生激於民族大義，輒糾合地方民勇，展開抗戰志事。先後受任國民政府軍事委員會別動總隊華北第十三游擊支隊第十二梯隊上尉中隊長，山東保安第二十四旅上尉連長、少校營長、山東省保安第六旅中校團副兼營長、山東省挺進軍第三十五縱隊一〇四支隊上校支隊長等軍職。綜觀 先生服任軍職之歷程，最初由書生出掌兵符，繼由隊官而洊膺重寄，終至明恥教戰，淬成勁旅，保鄉衛國，懋績孔多。茲擷其大端，略爲進說：民國二十七年九二四花山戰役，因事出倉猝，我軍傷亡奇重，梯隊司令胡鳳林陣前殉國，戰況慘烈，不忍卒睹。先生則艱危弗顧，督率所部與日軍鏖戰於花山山麓，虎口餘生，僅一身免。同年歲末，日軍復大舉進犯我辛泉莊防地。先生避實攻虛，以智摧堅，鹵獲敵軍武器甚夥，並手刃日軍小隊長崗田巖首級歸。此一純以智謀克敵之豐碩戰果，一時騰爲談助，令人永矢弗諼。餘如民國二十八年至民國三十四年間之索鎭、烏河頭、起鳳橋、魚龍灣、雅和莊、陶唐口諸戰役，　先生皆無役不從，且摧鋒陷陣，戰績輝煌。又其間民國二十九年三一八魚龍灣戰役時，遭日軍重重包圍於錦秋湖。　先生於彈盡援絕，生死一線之交，曾一度引槍自戕，幸受阻於貼身衛士未果。旋即督率殘部孤注突圍，並振臂高呼曰：「寧爲烈士，不作戰俘。」其凜然氣節，有如是者。以上爲　先生抗戰事蹟之概述也。抑有進者，夫日寇侵華戰略，要在速戰速決，以逞其「兩週內使中國屈膝」之狂妄企圖。而我地方游擊部隊，則奉令以持久消耗戰術，與敵周旋，使之長期陷於戰爭泥淖，而無法自拔。由於敵我策略互異，是以　先生在八年抗戰期間，主動與日軍短兵對壘之正規戰雖少。然其乘間伺隙，予敵重創之游擊戰，則不下數百次之多。故若論　先生之軍功，固不能僅以表徵之成敗，而掩其隱微之殊勳也。

民國三十四年，抗戰勝利，禹甸重光。　先生以賢能上聞，奉派桓台縣警察局局長兼保安警察大隊大隊長。並一度暫代縣長職務。茲後，懃懃以建警清鄉，與安定地方秩序爲急務。是故刼後編氓，始稍得休養生息，而漸臻承平景象。惜此時共軍已然坐大，掠地攻城，勢若猛猘。因而於三十七年間，桓台縣城及重要鄉鎭，又復相繼棄守。　先生從此棲遲濟南待命，無復當年戎馬倥偬之勞瘁矣。民國三十八年九月，先生鑒於赤氛蔓延，大局急劇惡化，乃隨軍播越來台。在台期間，先後任職花蓮縣、台北市警察局督察。對於端正警察風紀，輔翼警政建設，多所獻替。民國五十年九月，政府創建公務人員保險制度，需才孔殷，復奉調銓敘部專員，專責辦理公保業務。先生爲洞悉新制推行實況，曾數次遍赴台灣各地區視察，並將業務改進技術，及行政興革事宜，條陳處理建議；論列精闢，多爲上峰所採納。反觀我國公保制度能有今日之完善基礎，　先生與有力焉。

先生賦性忠貞，宅心仁厚。其爲人也，淡泊名利，愷悌慈祥，胸次坦蕩，猶如霽月光風。其處世也，信於然諾，恕以容眾，謙和懇摯，樂於助人，倘義之所在，有求必應，不稍假借。其任事也，惟公惟正，無我無私，篤實踐履，矢勤矢謹，凡職責所應爲者，雖盤根錯節，弗之辭也。其治軍也，臨陣則督之爭先，論功則率之居後。視袍澤如兄弟，愛部屬如家族。推心置腹，甘苦與共，開誠布公，不假權術。中庸有云：「智仁勇三者，天下之達德也。」　先生實皆若合符節，而無一不備焉。

德配胡新蘭夫人，生具淑德。相夫則雞鳴戒旦，持家則鹿車共輓。中饋內則，極坤元婦職之賢；仰事俯畜，著甘旨恩勤之譽。夫人生子一女三，和丸畫荻，課讀惟勤。耳提面命，孝悌是勗。惟是階前玉樹，英秀凌雲。掌上明珠，芳馨滿室。喜蘭桂競爽之勝，羨福壽偕老之侶。高門有慶，闔邑騰歡。願捧霞觴以效三祝，同晉桃實而佐雙杯。

山東桓台全體旅台同鄉　敬祝

中華民國七十九年歲次庚午孟冬　吉旦

【註釋】

①益壽惟仁，不假芝田靈藥：益壽惟仁，論語：「仁者壽。」言仁者少思寡欲，性常安靜，故多壽考也。芝田，地名。鮑照舞鶴賦：「朝戲於芝田。」注引十洲記曰：「仙家數千萬，耕田種芝草。」靈藥：猶言芝草。芝草古以爲瑞草，服之可得仙。故又曰靈芝。此言仁人自可增益壽命，不需服食長生不老之靈藥也。

②延年以德，寧賴瓊廚膏粱：延年以德，中庸：「故大德，必得其壽。」瓊，言玉之美者。瓊廚，言供膳極爲珍美也。幼學：「郭況金穴瓊廚。」謂後漢郭況累金數億，家有藏金窟，並以玉器盛美食。膏粱，謂精美之肉食與穀食。孟子：「詩云。既醉以酒，既飽以德，言飽乎仁義也，所以不願人之膏粱之味也。」此言飽德之人，自可延長壽年，固勿庸專賴珍美之肉食與穀食也。

③鄉黨同欽穆行，品重珪璋：鄉黨，鄰里鄉親之通稱。穆行，猶言美行。珪璋，本謂玉器之貴重者，世人常以喻品德高潔之人。

④閭閻咸懷遺愛，功在枌榆：閭閻，猶言民間。漢書異姓諸侯王表：「閭閻偪於戎狄。」遺愛，言仁愛之德遺留於後者。晉書樂廣傳：「廣所在爲政，無當時功譽，然每去職，遺愛爲人所思。」枌榆，原爲漢高祖之故里。後人每以同鄉曰枌榆。

⑤極耀中天：極，南極星。亦曰南極老人星。主壽考。中天，謂天空之中央。杜甫詩：「中天懸明月。」今人祝男壽題詞，多用「極耀中天。」

⑥瑤圃：謂仙人居處也。與蓬萊、蓬瀛同義。

⑦桑弧：禮內則：「國君世子生，射人以桑蓬弧矢六，射天地四方。」後人遂以男兒出世時，以桑弧懸於門左，並謂「懸弧令旦」。又祝男壽時，則謂「慶衍桑弧」。

⑧大耋：幼學：「八十曰耋，九十曰耄，百歲曰期頤。」人生八十歲爲高壽，故稱大耋。

⑨歧軒：謂歧伯與軒轅黃帝也。中醫學家，奉以爲祖。

⑩周親：至親也。書泰誓：「雖有周親，不如仁人。」

⑪先緒：謂祖上先人之遺業也。晉書夏侯湛傳：「不隆我先緒。」

⑫閫德：謂婦德也。閫爲門限，婦人居閫內，故稱婦德曰閫德。或曰閫範。

⑬鍼黹：泛稱刺繡縫紉之家事。鍼同針。

⑭髫齡失恃：髫，言小孩頭額下垂之頭髮也。髫齡，謂幼年也。失恃，母死曰失恃。

⑮鞠育顧復：詩經蓼莪篇：「父兮生我，母兮鞠我，長我育我，顧我復我。」世人每引「鞠育顧復」以述親恩。本此，鞠，養也。育，教育也。顧，旋視也，照顧也。復，反覆提攜也。

⑯庭訓：父訓也。典出論語孔子教其子伯魚學詩學禮軼事。

⑰振鐸庠序：鐸，鈴也。古時鳴鈴以教衆，謂之振鐸。論語：「天將以夫子爲木鐸」。故後世因以教師授業傳道曰振鐸。庠序，古代鄉學名稱。周曰庠。殷曰序。

⑱陶鑄精英：謂造就人才也。精英與菁英同義。

⑲成德達材：孟子：「有成德者，有達材者。」言因材施教，以啓發與成就人之德行，使之通達而爲有用之材也。

⑳隊官：武官名。清時軍制，一隊之長官謂隊官。猶今之連長也。

㉑編氓：謂編列戶籍之平民百姓也。亦作編民。

㉒猛猘：狂犬也。

㉓霽月光風：宋史周敦頤傳：「胸懷灑落，如光風霽月。」

㉔若合符節：言兩事相合或一致之謂也。荀子儒效：「晻然若合符節。」

㉕盤根錯節：喻艱難之事，驟不可理者。後漢書虞詡傳：「不遇盤根錯節，何以別利器乎。」

㉖雞鳴戒旦：言妻子相戒丈夫早起參加朝會，或謂催促早起趕朝集、朝市。語出詩經雞鳴篇：「

雞既鳴矣，朝既盈矣」。

㉗鹿車共輓：典出漢鮑宣與妻桓少君夫婦故事。鹿車，小車也。言少君于歸後，不嫌夫貧，拜姑禮畢，輒提甕出汲，鹿車共輓，恪盡婦職，雅得順從之道。

㉘中饋內則：中饋，言婦人所職主在於家中饋食供祭之事也。易家人：「旡攸遂，在中饋」。內則，爲禮記篇名。言事父母舅姑之禮法，以閨門之內軌儀可則，故曰內則。

㉙坤元：易坤：「至哉坤元，萬物資生。」按坤，其象爲地、爲臣、爲母、爲妻。又元爲坤德之首。

㉚甘旨恩勤：甘旨，言人子養親之美味食品。任昉上蕭太傅啓：「飢寒無甘旨之資，限役廢晨昏之半。」恩勤，謂父母鞠育子女之劬勞也。詩經鴟鴞篇：「恩斯勤斯」。恩，情愛也。勤，篤厚也。

㉛和丸畫荻：和丸，唐柳仲郢幼時好學，其母韓氏，常和熊膽丸使其在夜間咀嚼以提神。畫荻，宋歐陽修幼年家貧，母鄭氏常用荻畫地教以寫字。

㉜蘭桂競爽：喻子弟佳勝，後嗣蕃昌也。駱賓王上張司馬啓：「博望侯之蘭薰桂馥。」競爽，謂爭相榮光也。

㉝三祝：謂多福、多壽、多男子也。典出華封人祝唐堯語。後人每以三祝爲賀人壽誕語詞。

㉞桃實：桃實即桃果。漢武內傳：「七月七日，西王母降，命侍女索桃果七顆，王母以四顆與帝，三顆自食。」並曰：「此桃三千年一生實。」今俗本此，以桃實爲祝壽詞。

第六節 其他

台灣警察學校改制紀實

台灣省警察學校，創設於民國三十四年十月廿七日。其間，演易遞嬗，迭有鼎革，歷程艱辛，史蹟絢爛。鑒於警察教育乃建警基礎，爲強化教育功能，提高警察素質，自七十五年七月一日起，依　總統脩正公布之「各省市警察學校組織通則」改制爲台灣警察學校，並隸屬於內政部警政署。其教育訓練領域遂擴及台北、高雄兩院轄市，與福建省金門、馬祖兩自由地區。由於權責範圍擴大，學校之教育設施，允宜適時增益，以資因應。然茲事體大，頭緒紛繁，推展運作，殊非易易。斯時也，適季校長錫斌掌理校政，迺與有關執事同仁，理繁任鉅，宵旰宣勤，踵既有之軌轍，開未來之新頁，實績丕著，彌足嘉尚。綜其犖犖大端，除擴大專科班招訓、改進教務措施、強化訓導功能、愼選入學新生、加強生活教育等，均經分別釐訂細則，並付諸實施外，要爲硬體設施之興作：一、改建學校大門及圍牆。二、興建約四〇〇〇人用水之大型儲水池。三、闢建靶場二處。四、增建學生家長接待室。五、興建可容四〇〇〇名學生集會或體育活動之中正堂（綜合活動中心）。六、興建可容三〇〇〇人用膳及九六〇名學生寢室之樂育大樓。七、興建教學大樓，計有教室二八間，可供一五〇〇人上課。八、增建教學勤務機構。凡此興建設施，立意構思，具見精心。茲環審全校風貌，學校大門，氣勢雄偉，莊嚴肅穆。新廈與舊樓之排比，錯落勻稱。個體與整體之搭配，佈局雅觀。關於新增之教學設備，或爲鍛鍊學生體魄、或因精實專業技能、或應實務操作之演練，類皆敷陳完善，條理秩整。至對校園之美化，則倚山闢建亭臺，夾道蒔植花木。大樹參天，濃蔭蔽日。綠茵舖地，清輝宜人。景物相映成趣，環境寧靜恬適，洵爲弦歌之勝地也。際茲學校改制升格暨多項教育設施完成之時，深望全校師生，俱能仰體政府重視警教之至意，益勵忠勤，爲國培材。群策群力。共奮樹人垂統之大業；矢敬矢誠，克盡輔政化民之天職。是爲記。

內政部警政署署長羅　張題

此一記事文，業經以匾形黑色大理石，紅色宋體字，鐫誌於台灣警專史蹟館內。

宮愼之先生國畫展啓

宮愼之先生，籍隸山東省牟平縣。世代書香，詩禮傳家。早歲畢業於中央警官學校正科第十四期。非但文武兼資，蜚聲警界，尤以丹青擅勝，享譽遐邇。數十年來，爲弘揚中華文化，嘗撮錄古今名家畫法，取精用宏，鑽研弗替。故其繪事領域，綦爲廣闊。除描寫山水、人物、花卉、禽鳥等，莫不筆觸生動，風格自然外，對於張大千先生敦煌壁畫之臨摹，以及潑墨荷花之創作，更見氣韻神似，清逸脫俗。觀其功力之深厚，造詣之精湛，若謂爲當代之卓越藝術家，固非溢譽也。宮先生感於好友之敦促，玆定於七十六年九月十日假台北市中華路一段九十號會賓樓舉行國畫展。行見佳作百幀，粲列一堂。琳瑯滿目，盛況可期。至請移玉觀賞，是所望於群賢。臨穎神馳，幸勿失之交臂。

發　起　人　王亞民　楊其銑
賀膺才　張東甫
考兼埒　郎萬法
陶子厚　朱德生　同敬啓

于故景泰先生事略

于景泰先生字瑞三，山東莒縣人也。世居孔孟聖域，誕自書香門第；耳目所接，自幼酷嗜儒學。六歲，啓蒙於叔祖淑臣公。稍長，先後從孫瑞亭、盛杏林、李文卿諸名儒讀四書五經與詩文之習作，眞積力久，國學素養深厚。及冠，鑒於中國醫學，理路精邃，療效靈驗，復兼治岐黃之學，勤研仲景之論。回生有術，譽滿枌鄉。此爲 先生從師治學之大略也。

民前六年，先生目睹清廷之腐敗，心傷列強之欺凌。適同盟會黨人入魯活動，因經人介紹加入同盟會，自此服膺組織指導，揚厲革命素願。肸蠁所漸，對於飆發民族大義浪潮，響應辛亥武昌起義，貢獻頗多。民國十八年，感於家鄉二十餘村，無一所國民小學，對民智之啓迪，窒礙綦大，乃捐出西學屋別墅一處，成立私立牛家村初級小學，並親自籌釀開辦費及教師薪資。嘉惠學童，功在地方。民國二十年，被推選爲轄有八十個村莊之馬顧屯鄉鄉長，後經連選連任，殆亦衆望所歸故也。民國二十三年，黃河氾濫爲災，山東沿河各縣，盡成澤國，哀鴻遍野，嗷嗷待哺。尋相繼至莒縣避難者，數以千計。先生奉派爲救災委員會委員，並兼任難民收容所所長。任事期間，以己肌己溺之心，存撫賙恤，眷顧備至。其愷悌仁愛之德行，災黎永矢弗諼。民國二十六年，七七變起，日寇披猖。同年冬，莒縣縣城淪陷。僞縣長曾百般利誘出任縣維持會會長，經峻拒後，險遭不測。嗣隨我政府許縣長樹聲轉入山區，展開抗日游擊聖戰。帷幄運籌，翼助至大。民國二十九年，復受聘爲縣經濟委員會委員，負責監督發行田賦券，整理戰區財政，以供應縣府經建開支及抗日部隊糧餉之需。理繁任鉅，措置咸臧。而其裨於激勵民心士氣，與壯大全縣抗戰之聲勢者，厥功尤偉。民國三十四年，扶桑衄降。方慶國土重光，詎意赤眉亂作，神州又告阢隉矣。先生義不帝秦，遂於民國三十七年底播越來臺。在旅臺之漫長歲月中，雖人處偏安樂土，然心則永繫故國之殄瘁。茲九土未復，愕聞風摧椿萎，幽明永訣，王師收京未睹，故鄉賦歸無緣。嗚呼痛哉！

綜觀　先生生平學行，平居則存養省察以愼獨，應事則定靜安慮以明性。持躬崇尚儉樸，不隨澆俗。待人誠懇親和，純出自然。凡遇地方公益之事，每必慷慨輸捐，從不後人，至若鄰里有貧苦無告者，莫不周濟而體恤之。居仁由義，無怍於天人；尊道貴德，悉合乎禮法。嘗記漢書董仲舒傳有云：「正其誼不謀其利，明其道不計其功。」方之先生，庶幾近焉。

先生男女公子八人。在台者，長子春和已逝。遺孤達順，業商，卓然有成。次子春艷，現任內政部警政署副署長兼台灣省政府警務處處長。顧自受命以來，劃策建言，事事以警政建設爲取向；操危慮患，拳拳以國家安全爲依歸。有爲有守、勳華丕著。長女春蘭，相夫教子，勤修婦職，淑慎溫恭，賢稱戚黨。次女春環，病歿。哲嗣春艷，生子女四，由於子媳紀翠娟女士，和丸畫荻，課讀勤嚴，故皆學業佳勝，名列前茅。長男嘉順與長女運順，同在比利時魯汶大學深造；嘉順修環境工程學博士。運順修醫學碩士。次男隆順，甫於光武工專機械工程科畢業。幼女珍順，在台北市雙連國小就讀。曾孫三人，俱各頭角崢嶸，蘭階挺秀。欣見父志祖謨，胥能紹述於奕葉；子孝孫賢，蔚爲詩禮之家風。前徽不遠，後起有繼。　先生應可含笑瞑目於九泉矣。

先生早在民前四年，曾禮聘河北名武師趙子文先生授以拳劍刀棍等武藝。此後積年勤練，未嘗間斷。益以老年以來，善操雲心月性與適志和神之心法。故雖壽逾期頤，望之如七十許人。精神矍鑠依舊，健康狀況甚佳。何期心疾猝發，藥石罔效，不幸於民國七十七年五月三十日凌晨一時五十分溘然長逝。享壽一百晉三歲。因念遠託大蔭，久欽道範，爰記述行誼於梗概。臨穎悽愴，同深哀悼！

于景泰先生治喪委員會　敬述

跋

古體應用文之作法，已就本書編列文體分別扼要述及。爲期初學者，能綜達篇章體製條理，會通文術運作蹊徑，特再總合申說。蓋傳統屬文要領，首重命意謀篇，次尚詞藻聲律。前者，爲文義鋪陳秩序。後者，乃文采瀏亮樞機。此一基本原則，稽古探源，不論文體同異，或篇章大小，必焉萬流歸海，固無例外也。論語憲問有云：「爲命，裨諶草創之，世叔討論之，行人子羽修飾之，東里子產潤色之。」此爲孔子讚譽鄭國掌理辭命記室製作國際外交文書之美善也。所謂草創、討論，猶言命意謀篇之條理研議。所謂修飾、潤色，意即詞藻聲律之美化進程。南朝劉彥和在文心附會篇更有明白之闡發：「夫才量學文，宜正體製，必以情志爲神明，事義爲骨髓，辭采爲肌膚，宮商爲聲氣。」情志者，感情思想也。事義者，立論基礎也。辭采者，修飾潤色也。宮商者，聲調韻律也。析言之，由情志而豁顯文章之精神性靈。由事義而堅實文章之骨骼架構。由辭采而煥發文章之肌膚光澤。由宮商而振揚文章之聲氣活力。殆亦即合情志與事義，爲命意謀篇之內涵實體。合辭采與宮商，爲詞藻聲律之外貌輝光也。以上所引屬文法則，乃先聖先儒之遺規，雖謂年湮代遠，然相沿至今，仍皆奉爲圭臬，而歷久常新。初學者苟能弘斯義蘊，發之爲文，庶可漸臻篇章於內實外華、情文並茂之境域。

次觀現今朝野上下，對於中長篇之喜慶哀弔文，至爲珍視，是其應用範圍，亦日益廣闊。爲應習作參考，爰併約略補述。關於慶弔文之命意旨趣，類皆以表揚人之事功德行爲主。而表功述德，則多半取譬引喻，以徵人擬事。言取譬引喻，則應廣曉典籍故實與詞致，始克有濟。是以舉凡古聖先賢之經典、本紀、世家、列傳、墓表、行狀、事略、年譜等類之傳誌文學，必須博覽彊記，貯儲胸臆，以備臨穎取材之需。第如何薰香摘豔，以生花筆底，則「梓匠輪輿，能與人規矩，不能使人巧。」而端視屬文者之心領神會耳。至於慶弔文之抒情筆路，爲避免浮泛不經，落入俗套，是故操觚取向，應力求文詞與事實相符，語氣與身分相稱。要之，在頌述人之功德品節時，能使人視之如共見，在表達慶賀哀傷之分際間，能使人讀後起共鳴，斯爲至善。

抑有附帶説明者，在本書撰寫過程中，家人所付與之關懷及協助：顧筆者爲文習性，往往因一字一句之斟酌點竄，而徹夜不能成眠，或終朝不知用餐。內人鄭玉梅睹狀，先是以小心身體相示警，繼之則烹羹調湯以侑食。似此關懷情意，無日無時，莫不皆然。本書撰稿期間，印校手續，極爲繁複。長子保隆，時任國立交通大學教授兼管理科學研究所所長，嗣復調任管理學院院長，事務叢脞，鮮有暇晷，然猶復忙中抽閒，親自駕車取送。出力斥資，始終其事。本書接近完稿之時，次子保興，甫於美國賓州大學修完環境系統工程學博士學位，並即將回國就聘淡江大學副教授。在得知老父致力述作消息後，深恐勞心過度，有傷健康，輒將其五年來省吃儉用所剩餘之獎學金，匯寄美金二千元，俾作進補之資。萬里寸草，孝心懇至。季子振輝，畢業於東吳大學法律系，時正積極準備參加司法官考試，其用功之勤，專注之深，幾近廢寢忘食之地步。惟偶有拷貝資料、影印文稿、購買文具等瑣事，仍委由跑腿代勞。即交即辦，從無違拗。長子媳王淑嫻、長女慧珍、次女慧鈺，因僉以長久沉湎述作、生活單調爲念，故每隔一段時間，或攜愛孫而過庭承歡，或備甘旨而歸寧省視；對於紓緩身心疲勞，興發文思靈感，助益良多。綜茲至情至性之坤道孝行，溫馨馥郁，永泐心版。

尤有感激難忘者，在本書目次擬定之後，老友張伯言兄見有「拙作選錄」一章，遂將其長年來所保存之手稿多則，送交插列書中，以宏篇幅。契交董傑生兄，腹笥富贍，藏書充棟，每遇字疑詞惑，俱荷坦誠指點，開我茅塞。至與本書有關之典籍史料，亦蒙精心挑選，遠道齎閱。同學王福來兄，嗜學好古，雅人深致。承賜時賢美文多種，囑余選列「實例」篇內。凡此隆情厚誼，敬謹併同誌謝。

中華民國八十年首夏張叔霑識於台北市清溪翠堤寓所